JN224918

教養としての「異文化理解」

CROSS-CULTURAL UNDER-STANDING

Okada Akito

東京外国語大学教授 岡田昭人

日本実業出版社

はじめに

なぜ現代社会で「異文化理解」が必要とされているのか？

「彼を知り己を知れば百戦あやうからず」（孫子）――この教えは「相手のことを知り、自分のこともよく知れば、どんな状況でも危険を避けられる」という意味で、戦いだけでなく多くの場面に応用できる知恵です。

もちろんこの教えは異文化理解にも通じます。外国の人々と円滑にコミュニケーションを取るには、相手の国の文化やコミュニケーションの方法を理解することが重要です。それと同時に、自分自身の国の文化や話し方を理解することも必要です。異なる文化に触れるとき、つい自分の価値観を基準にしてしまいがちですが、実は文化によって行動や考え方は大きく異なります。お互い違いを前もって知っておけば、誤解やトラブルを避けることができ、よりよいコミュニケーションが生まれるのです。

失敗をしなかった日は、成長しなかった日

文化背景の異なる人々との相互理解やコミュニケーションは、ときには予想外の誤解や失敗を引き起こし、非常に困難に感じられることがあります。こうした経験は、海外で長年生活し

てきた人や異文化交流に慣れている人にとっても例外ではありません。

私は現在、東京外国語大学で比較教育学や異文化コミュニケーションを教えていますが、次のような失敗談があります。大学で教鞭をとり始めた頃です。日本語初級レベルの留学生が質問に答えている際、私は好意のつもりで留学生が話している間、笑顔で聞いていました。ところが、授業終了後、その留学生が数名の友人たちと一緒に教員室にやってきて、「先生は私の日本語が変なので笑いましたね」と抗議をしてきたのです。「笑う門には福来る」をモットーとしている私には、まったく無意識のコミュニケーションギャップでした。

もちろん、これ以外にも筆者の異文化コミュニケーションの失敗談は数え切れないほどあります。しかし、そうした失敗の一つひとつが、私にとっての貴重な学びの機会でもありました。異文化理解とは、試行錯誤を繰り返しながら少しずつ身につけていくものです。

「失敗をしなかった日は、成長しなかった日」——そう考えると失敗さえも異文化理解の大切なプロセスなのかもしれません。

VUCAの時代：予測不可能で不安定な状況

政治、経済、教育など社会のあらゆる側面でグローバリゼーションが加速化する今日、私たちが異文化に出会う機会もおのずから増えてきます。それだけではなく、近年の新型コロナウイルスの感染拡大、環境破壊への対応など、もはや一国だけでは解決できない問題が多発しています。さらにはＡＩ技術や情報テクノロジーの急激な発展により、今日の世界では社会の変化が複雑化しています。このような状況を「ＶＵＣＡ（ブーカ）」と呼びます。ＶＵＣＡは英語のVolatility（変動性）、Uncertainty（不確実性）、Complexity（複雑性）、Ambiguity（曖昧性）の頭文字を取った造語です。もともとアメリカの軍事用語として用いられていましたが、今日ではビジネスや教育など、日常の社会的営みの中で未来の予測が難しくなる状況のことを示しています。

キー・コンピテンシー：ＶＵＣＡの時代を生き抜くための諸能力

ＶＵＣＡの現代では、適切に情報を収集・活用し、異なる文化の人々と協働しながら問題解決できる力を育成する必要があるという観点から、「キー・コンピテンシー」が社会のあらゆる分野で重要視されています。

キー・コンピテンシーとは、知識だけではなくスキルや行動を含むさまざまなリソースを使って、社会に存在する複雑な課題を解決できる人間力とされています。これは経済協力開発機構（ＯＥＣＤ）が実施した「能力の定義と選択」（DeSeCo）プロジェクトによって提唱された国際的合意を得た新たな能力概念です。

■ 3つの「キー・コンピテンシー」

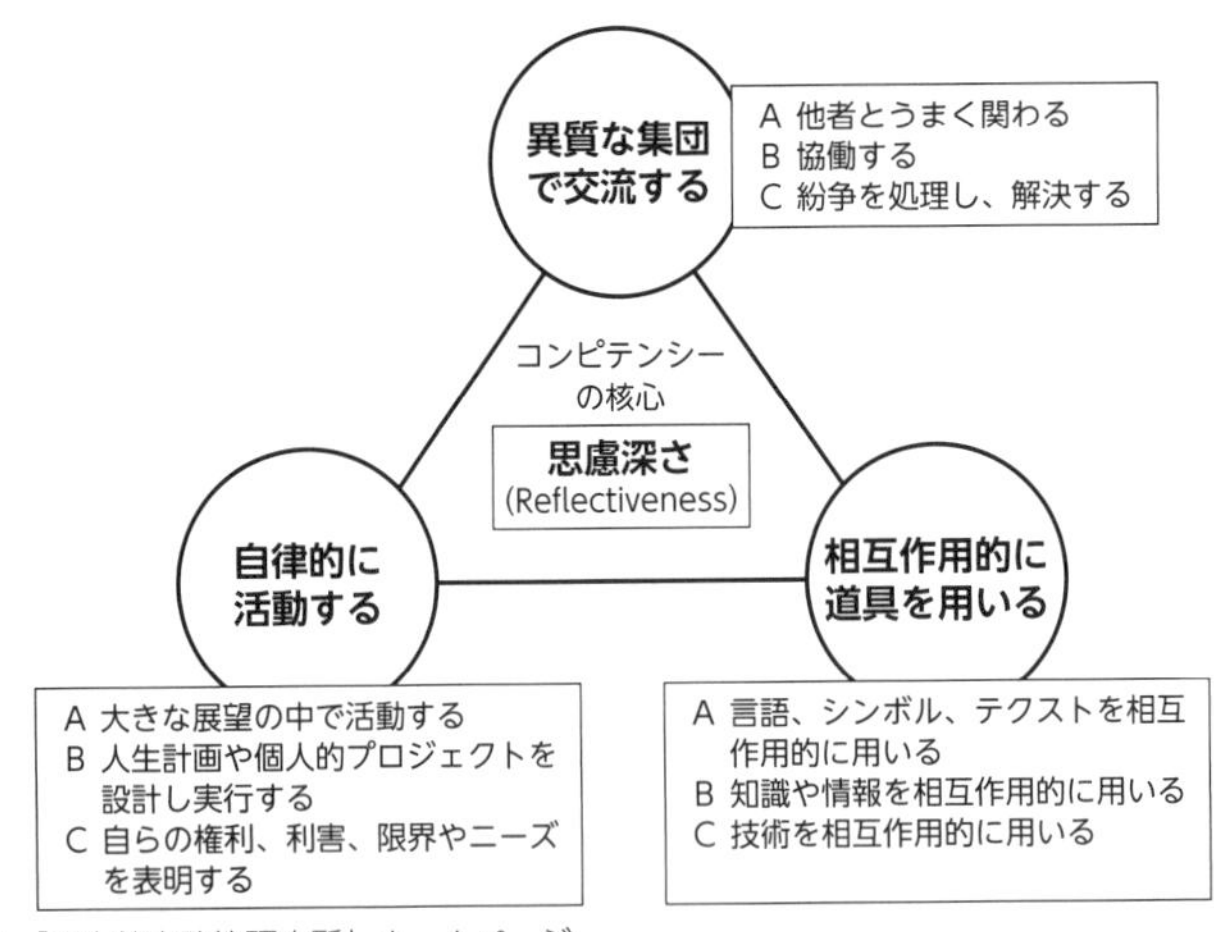

出典：「国立教育政策研究所」ホームページ

キー・コンピテンシーは、3つのカテゴリー（9つの能力）で構成されます。キー・コンピテンシーは、教育学、哲学、経済学、人類学など学際的な議論を基礎に提唱されていて、仕事や教育など具体的な場面で機能する能力であるとともに、さまざまな状況のもとで効力を発揮することができる性質を持つとされています。

「分断」されつつある社会と異文化コミュニケーションの重要性

キー・コンピテンシーの主要な要素の1つである「異質な集団で交流する」カテゴリーは、多様化する、異なる歴史・文化・社会経済背景などを持つ人々と関係を構築し、ともに学び、生活し、働く力を示しています。

昨今の世界情勢を見ると「異質な集団で交

流する」ための能力がなぜ必要なのか一目瞭然でしょう。

政治・宗教・価値観などの違いから軋轢（あつれき）が生じ、紛争が勃発し、その結果分断された社会が形成されるといった危険性は、現に存在しています。

また、異文化交流というと、国境をまたいだ活動を思いがちですが、同じ国内にも異なる考え方や価値観が存在します。つまり世代や年齢、性別、生育環境が違うと考え方や価値観が異なり、相互理解にはコミュニケーションが必要となります。

異文化理解はどのようにして成し遂げられるのか？

こうした不安定な世界情勢にあってふさわしい教育の実践が求められるなか、諸外国でもキー・コンピテンシーに基づいた教育改革が進められています。近年ドイツやフランスでは国レベルでの教育水準や、子どもたちに保障すべき学習内容のスタンダードが示されました。

たしかに、キー・コンピテンシーは汎用性が高く未来の教育の羅針盤になります。しかし残念なことに、日本の学校教育では「異文化コミュニケーション能力」のような非認知能力（ペーパーテストでは測定できない能力）を育てることは困難であるとされています。従来の日本の学校教育のまま、子どもたちに対して知識詰め込み型の教育を行い続ける先には、異文化コミュニケーション能力の育成は望めません。すなわち、近未来社会を生き抜くために必要な能力を身につける学習環境が不十分なのです。

私たちは無意識のうちに自分が属する文化が常識であって、それ以外は「何だか変なもの」と考えてしまいがちです。ですが、その国の文化は歴史、伝統、民族などさまざまな要素がお互い複雑に関連し合いながら、1つの社会として均衡を保っているのです。「良い文化」と「悪い文化」をきっぱりと区別できないのです。大切なことは文化の違いを「違い」として認識し、そのために必要な知識やスキルを広め、深めていくことではないでしょうか。

本書の目的と読み方

本書は私が海外留学や25年以上にわたる大学での教育経験、また異文化コミュニケーションの学問的な知識やスキルなどに基づいてまとめたものです。

よって、本書は異文化理解の道を歩むための「指南書」であり、あるいは「マニュアル」として位置づけられます。異文化の世界に足を踏み入れる第一歩として活用いただけるよう、また、すでに異文化経験が豊かな方にとっても、これまでの体験を振り返り、新たな視点を見つける手助けとなれば幸いです。

近年、多くの企業や学校、また自治体が講演や研修の一環として異文化コミュニケーションを取り入れるようになってきました。本書では異文化コミュニケーションの大切さについて詳しく説明していきますが、その言葉から連想するだけでは到底収まりきらない文化的ダイナミズムが、その言葉には含まれています。

ＳＮＳの発展によって情報交流の制限がなくなり、世界地図から国境が消えつつある今日、かえって言語・文化・価値観といった問題がクローズアップされています。異文化コミュニケーションはまさに現代において希求されているスキルといっていいでしょう。

本書をきっかけに読者の皆様が、自身の知識や経験をより豊かにし、異文化理解を一歩ずつ進めていく一助となることを心から願っています。

２０２５年３月

岡田昭人

教養としての「異文化理解」◎目次

CONTENTS

第2章 異文化理解を阻害する要因

第3章 言語コミュニケーションによる異文化理解

非言語コミュニケーションによる異文化理解

第5章 異文化理解と「カルチャーマップ」

第6章 異文化コミュニケーション克服法

校正・校閲 松本正行
カバーデザイン 小口翔平＋村上佑佳（tobufune）
本文ＤＴＰ 一企画

第 **1** 章

Cross-cultural understanding

異文化理解の基礎

2024年、世界の人口は81億1900万人を超えました（国連人口基金『世界人口白書2024』）。さらに、日本政府が承認している国家は195か国におよび、それぞれの国が持つ気候や自然環境だけでなく、暮らし方や習慣、価値観も多様性に満ちています。

グローバル化が進む現代社会では、異なる文化背景を持つ人々と接する機会が増え、文化的な違いがコミュニケーションの上で避けて通れない課題となっています。異文化理解は、単なる知識として文化の違いを知るだけでなく、相互の価値観や行動を尊重し、共感を育むことを目指します。それは、個人レベルでの人間関係を円滑にするだけでなく、国際的なビジネスや外交、教育の場においても重要なスキルとなっています。

本章では、異文化理解の基本となる考え方や、文化が私たちの行動や思考にどのように影響を与えるのかを解説し、読者の皆さんが異文化理解への第一歩を踏み出す土台を築いていきます。

文化って何？
——異文化理解の鍵——

Cross-cultural understanding

「文化って何？」と改めて質問されると、答えに困るのではないでしょうか。

人によってさまざまな定義があると考えられるのですが、広い意味での文化とは、人間が生まれ育った自然や風土の中で身につける立ち居振る舞い、衣食住をはじめとした固有の生活様式や考え方、価値基準の体系でしょう。

異文化を理解するためには、まず「文化」とは何かを知ることが重要です。文化を理解することで、私たち自身の価値観や行動の背景を見つめ直し、異なる文化への敬意や共感を育む土台が築かれます。それは、他者との円滑な関係を築くための第一歩でもあります。

文化の特徴

実は「文化」という表現は、英語のcultureの訳語として明治時代から使用されている、比較的新しい言葉です。また、英語のcultureには、「文化」以外にも、「教養」「訓練」「栽培」

という意味があります。ですので、文化という言葉は文脈によりさまざまな意味になります。

このように多様に解釈される文化は、決して固定されているわけではなく、世の中の動きにつれて、少しずつ変化していく性質があります。一般的に、文化には次のような特徴が見られます。

①DNAに刻み込まれているものではない
②生後の環境で意図的・無意図的に学習されている
③ある集団によって共有されている（個人や全世界的なものは文化ではない）
④普段は意識されない空気のようなもの
⑤世代間で受け渡されている（オリンピックの聖火リレーのように）

考えてみよう

あなたが親しみを感じる「文化」とはどのようなものでしょうか？

例えば、「日本文化」や「若者文化」、さらには「アニメ文化」など、特定の言葉に「文化」という言葉を組み合わせることで、私たちの身近にあるさまざまな「文化」が浮かび上がります。このように、興味や関心が集まるテーマや人々が共有する価値観、趣味の集まりを「文化」

と表現することで、新しい視点やつながりが生まれていくのです。

私が勤務する東京外国語大学の留学生の中には、日本文化への興味から留学を決意した方が多くいます。例えば、子どもの頃にアニメの「一休さん」やジブリ作品、最近では「ONE PIECE」や任天堂のゲームに触れ、日本語を学び始めたという話をよく耳にします。また、日本に来てからスーパーで売られているニンジンを見て、「アニメで見たそのままの形だ！」と驚いたというエピソードもあります。こうした具体的な経験が、異文化理解の出発点として非常に大切であると感じます。

考えてみよう

身近な「文化」を通して他者とつながる具体的な方法を考えてみよう。

他者と「文化」を通じてつながる具体的な方法はたくさんあります。

●共有イベントの開催

自分の好きな「文化」に関連するイベントを開いて、同じ分野に関心を持つ人々と交流しましょう。アニメ鑑賞会や茶道体験会など、身近なテーマなどから始めると集まりやすくなります。また、異なる文化を融合したイベントやプロジェクトに参加し、新たな視点で自分の「文化」を発見することも大切です。

●ディスカッション

お互いの「文化」を語り、自分の「文化」を伝えると同時に、相手が親しむ「文化」にも耳を傾ける場を設けると、異文化への理解が深まります。

●オンラインコミュニティの活用

興味のある「文化」に関連したＳＮＳグループやフォーラムに参加し、異なるバックグラウンドを持つ人々と意見を交わすと、新たな視点が得られます。

●文化体験の発信

自分の「文化」や体験をＳＮＳで発信し、共感する人とつながることで、相互理解が生まれます。

私は、異文化理解について考えているとき、ニーチェの著作『ツァラトゥストラはこう語った』に登場する「**三段階の変容**」（ラクダ、獅子、子ども）の話をよく思い出します。これは人間の精神的な成長を象徴的に描写したものであり、異文化理解のプロセスにも応用できる重要な洞察をもたらせてくれます。

最初の「ラクダ」は、忍耐強く重荷を背負う動物であり、異文化のルールや価値観を謙虚に受け入れる段階を表します。この段階では、自分の先入観を手放し、学ぶ姿勢が重要です。

次に「獅子」は、力強く自由を求める存在であり、異文化を批判的に検討し、自分の価値観や信念を守りながら新たな視点を模索します。この段階では、異文化との葛藤を乗り越える勇気が求められます。

そして「子ども」は、無邪気で創造的な存在であり、異文化と自文化を自由に融合させ、新しい価値観を生み出す段階を象徴します。子どものような柔軟さは、文化の違いを「可能性」として受け入れる力なのです。

この三段階を通じて、文化の違いを壁ではなく、共生への扉とすることができると考えています。

2 「常識」を疑ってみる

Cross-cultural understanding

ここでは各文化にみられる「常識」について考えてみましょう。

今日の社会では文化背景や価値観の異なる人々と一緒に学んだり、仕事をする機会が増えています。そこで起こる問題の多くは、お互いの文化的価値観の違いを無視して、自分の常識を相手に押しつけてしまうことでしょう。異文化理解には、互いの「常識」の違いに気づき、気づくための知識を身につけておくことが重要です。

私の常識はあなたの非常識？

常識とは、一般の人々が共通に持つ、また持つべき知識・意見や判断力とされます。

実際に異文化コミュニケーションでは、「私の常識はあなたの非常識」「あなたの常識は私の非常識」となってしまうことは日常茶飯事です。

いくつかの例をご紹介しましょう。次のような場合、皆さんにとっては「常識」でしょうか？

・約束の時間に遅れたら相手に謝る
・麺を食べるときは音を立ててもかまわない
・上司より先に帰りづらいので残業する

こうした状況を「常識だ」「常識ではない」と判断する基準は、国や文化によって異なります。場合によっては「どちらともいえない」となるでしょう。

考えてみよう

自分にとって常識だと思っていることが、相手にとってそうでなかったという経験はありませんか？　また、その逆に、相手の常識が、あなたにとって非常識に感じたことはないでしょうか？

例えば、日本では家の中で靴を脱ぐのが当たり前とされていますが、多くの国では家の中でも靴を履くことが一般的です。また、日本ではホテルやレストランでチップを渡す習慣がなく、それがサービス料金に含まれていると考えられています。一方、海外ではチップが重要な文化の一部であり、渡さないと不快に思われる場合もあります。

私の外国人の友人が日本に来て、私の家に招待した際に、「ここで靴を脱ぐの？」と驚いていました。彼にとっては、靴を履いたまま家に上がるのが普通だったのです。その後、スリッパを履いて過ごす日本のスタイルを「面白い！」と感心していました。

一方で、私が彼の国を訪れた際、レストランでチップを渡すのを忘れてしまい、店員に驚かれたことがあります。そのとき、「日本ではチップを渡さないんだよ」と友人に説明すると、彼は「それは便利だね！」と笑いながらも、自分たちの文化とは大きく違うことに興味を示していました。

こうしたエピソードを通じて、自分の「常識」は絶対的なものではなく、文化や環境によって異なるものであると気づいていきます。常識の違いに気づき、それを受け入れることで、他者への理解が深まり、異文化交流をより豊かにするきっかけとなるのです。

異なる「常識」を理解する方法

異なる「常識」を理解するには、積極的に質問し、相手の視点を意識することが大切です。また、異文化体験を増やしたり、フィードバックを受け入れたりして、柔軟な姿勢で他者の「常識」に触れてみましょう。次のようなことを意識してみてはいかがでしょうか？

●相手の立場に立って考える

自分の「常識」を当たり前だと考えず、相手の立場に立って考えるように心がけましょう。自分にとって当然の行動が、他の文化圏ではどのように捉えられるかを意識することで、誤解を避けやすくなります。日常の中で「自分ならどう感じるか」だけでなく、「相手にとってはどう感じるか」という視点を持つことで、共感の幅が広がります。

●積極的に質問をする

異文化の相手と話す際、疑問に思ったことや理解が曖昧なことについて遠慮せずに質問してみましょう。自分の考えや行動が相手にどう映っているかを尋ねることで、新たな気づきが得られます。例えば、日常的な挨拶や食事のマナーについて、どのようなルールや意味があるかを聞くことで、相手の文化背景に基づいた行動を理解しやすくなります。

●異文化交流の体験を増やす

異なる文化に触れる機会を積極的に増やしましょう。異文化を体験できるイベントに参加したり、留学生や海外の同僚と話す時間をつくったりすることで、さまざまな「常識」に出会うことができます。

●フィードバックを受け入れる

自分の行動について相手からフィードバックをもらう（相手から指摘や評価を受ける）姿勢を持ちましょう。ときには自分が無意識にとった行動が相手に誤解を与えることもありますが、そうした場合でも、フィードバックを前向きに受け入れることで、自分の「常識」を見直し、改善するきっかけが得られます。

異文化に触れた際の驚きや違和感を、日記やメモに書き留めておくのも有効です。そのときの体験や感情を振り返ることで、自分がどのような「常識」に影響されているかを再認識することができ、相手の視点をより理解しやすくなります。また、メモを見返すことで自己成長や理解の進展を確認することもできます。

これらの方法を実践することで、異なる「常識」を持つ人々との理解を深め、豊かな交流ができるようになるでしょう。

3 異文化コミュニケーションの定義

Cross-cultural understanding

「コミュニケーション」と「異文化コミュニケーション」

ここから少しずつ、本書が主題とする異文化理解に関する基礎知識について見ていきましょう。

さて、そこで最も基本となるのが「**異文化コミュニケーション**」とは何かです。

「コミュニケーション」と「異文化コミュニケーション」を比べると、「この2つは別々のものなの?」と考える人もいると思います。「コミュニケーション」というと同じ国や文化の人々の間で交わされる会話というイメージがあるのに対し、「異文化コミュニケーション」は文化背景の違った人々同士で取り交わされるものであるというイメージがありますから、両者が正反対を向いているかのように思えるのも不思議ではありません。

ですが、「異文化コミュニケーション」は基本的には全人類共通の普遍的なコミュニケーションの構成要素と過程によって成立するものであって、特別なコミュニケーションを意味するものではないのです。
大切なのは、私たちが普段の生活で家族や友人などとする会話がほぼ同じ文化にある人々同士によるものであるのに対して、異文化コミュニケーションは言語・文化背景の異なる人々の間の意思伝達活動であるため、特に注意と努力が求められるということです。
以上をふまえると、異文化コミュニケーションは次のように定義できるでしょう。

異文化コミュニケーションの定義

異文化コミュニケーションとは、異なる文化背景を持つ人同士が、お互いにメッセージをやり取りし、そのやり取りが相手に影響を与え、また自分自身にも新たな気づきをもたらす状況。

後述しますが、ここで使用されている「メッセージ」は「言語」だけではなく、「非言語」も含まれています。つまり、異文化の人とあいさつをする際、お互い"Hello."という言葉で伝えることもあれば、何も言わずに「うなずく」また「手をあげる」などのジェスチャーだけで意思疎通することもあるのです。

■異文化コミュニケーションのイメージ

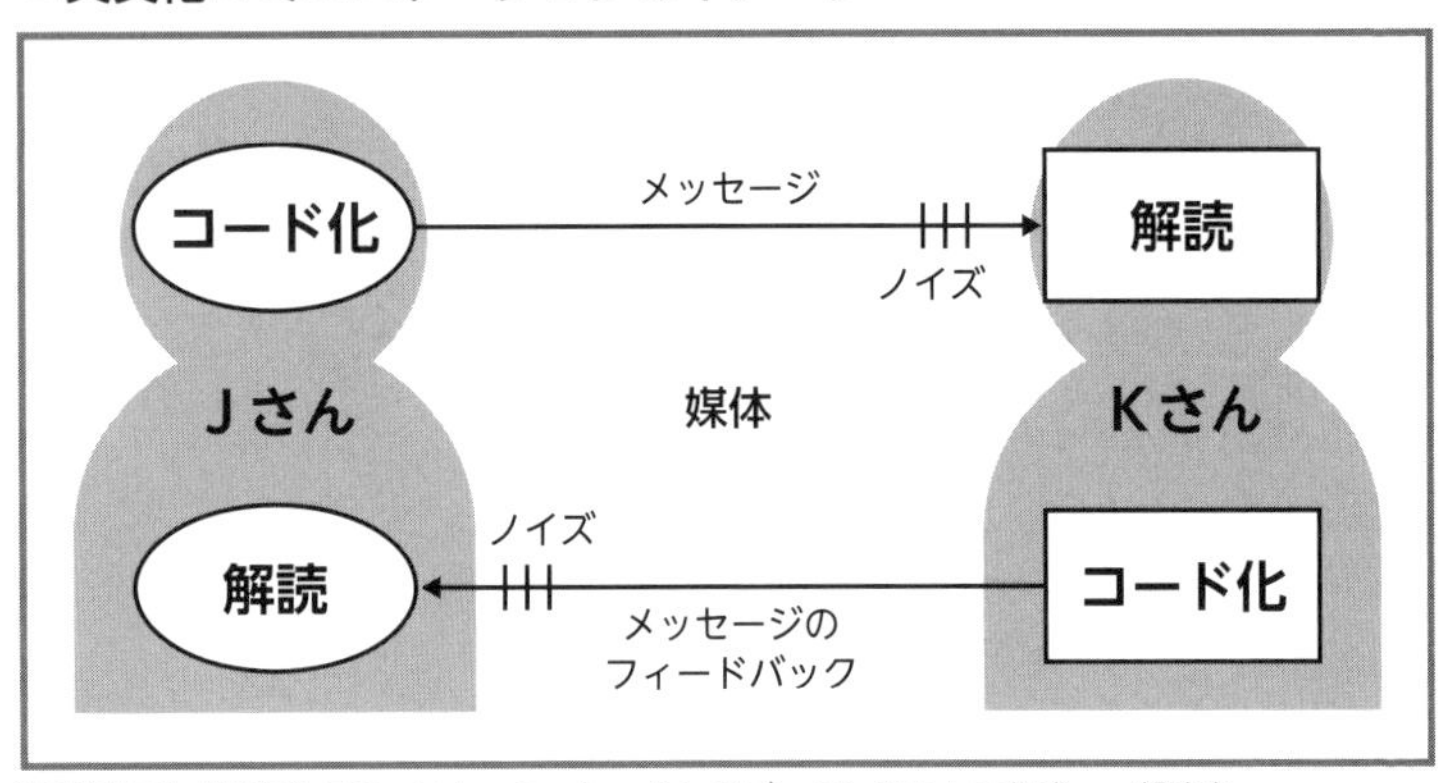

石井敏ほか『異文化コミュニケーション・ハンドブック』をもとに作成。一部改変

異文化コミュニケーションのモデル

異文化コミュニケーションで肝心なのは、相手との文化や話し合いの仕方の「違い」を知ることです。外国の人々や組織との交流はもちろんですが、世代、性別、医師と患者といった職場環境など、さまざまな違いの中でのコミュニケーションも含まれます。

異文化にコミュニケーションをする際に注意しなければならないのは、相手の文化などについてあらかじめ自分が持っている考えや期待などが、実際の会話で誤解を招く場合があることです。

上の図はそれぞれ文化背景の違う日本人のJさんと韓国人のKさんの2人が会話をしているモデルです。Jさんは日本文化（○とします）の中で情報を処理し言語化してKさんに伝えます。一方でKさんは韓国文化（□とします）で解読して受け止めます。

Kさんが自身の情報を伝えるときも、同様のことが起こります。この○と□の形の違い、すなわち文化の違いによって、この2人の間に「**ノイズ**」が発生します。ノイズとは「騒音」「雑音」のことですので、これによって2人の間に認識の違いや誤解が生じてしまいます。

考えてみよう
あなたは相手の文化や話し方の違いに気づき、それを理解しようとした経験はありますか?

実際にあった私の経験を紹介します。ずいぶん昔の話になりますが、私は韓国人の友人、洪さんを自宅での食事に招きました。

読者の皆さんは韓国の食材と聞いてまっ先に思い浮かべるものはなんでしょう。それは「キムチ」ではないでしょうか。私もそのように思っていたので、キムチを用意していました。ところが、洪さんは「キムチは結構です」と言うのです。私は「きっと遠慮しているのだな」と思い、食べるように勧めましたが、やはり返事は同じでした。少し不満に思った私は「せっかく本場の韓国キムチを取り寄せたのだから!」と強めに言ったところ、洪さんは「私は辛いものが嫌いなのでキムチを食べません」と答えました。

おそらく一般的な日本人は「韓国の人はみんなキムチが好きで毎日のように食べている」と

いうイメージを持っていると思います。こうした思い込みや先入観は、まさに「ノイズ」というものです。

異文化コミュニケーションという学問は、こうしたコミュニケーションで生じる「ノイズ」が「いったい何なのか」「どこに原因があるのか」そして「どのように対応すればいいのか」などについて研究することです。

日常で異文化コミュニケーションの工夫を試す

職場など日常生活で異文化コミュニケーションを実践するには、身近で簡単なことから始めてみましょう。

実践してみよう

日常生活で、自分とは異なる考えや振る舞いをする人々と接する際に、どのような工夫ができるでしょうか？

●振り返りの習慣

会話が終わった後で、相手との違いや感じたことを思い出し、自分の中で「**振り返り**（リフレクション)」する時間を持ちましょう。これにより、どのような点が自分と異なっていたか、その違いがコミュニケーションにどう影響したかを整理し、次に活かすことができます。

●ジェスチャーに注意を払う

相手の「ジェスチャー」やあいさつの仕方に注意を払い、それを少しずつ取り入れてみるのもよいでしょう。文化背景の違いに配慮し、柔軟に対応する姿勢が信頼関係を築く助けとなります。

●成功体験の記録と共有

「成功体験」を共有することも大切でしょう。異文化理解やコミュニケーションがうまくいった経験や学んだことを、自分なりに記録したり、他の人と共有したりしてみましょう。成功体験を記録したり共有したりすることで、さらなる学びの機会が増え、自身のコミュニケーション力の向上にもつながります。

海外に留学した日本人の学生たちは、異文化の中でのさまざまな体験を通して成長して帰国します。彼らと話をすると、異文化コミュニケーションの失敗談はよく耳にする話題です。言語や文化の違いによる誤解や戸惑い、行動のギャップによるすれ違いなど、異文化に触れる中で避けられない失敗も多くあります。

　私が興味を持つのは、学生たちのそうした「失敗」そのものではありません。それよりも、学生たちが失敗をどのように乗り越え、どう対応を変えたのか、つまり失敗を通して何を学び、どう成長したのかという点にこそ関心があります。

　異文化理解のプロセスは、多くの挑戦と試行錯誤の積み重ねです。そして、失敗を克服する過程こそが、自分のコミュニケーション能力を磨き、新たな視点を得る機会になります。

文化の氷山モデル

Cross-cultural understanding

外国の人々と接する際には、ついつい自分の考えや常識を押しつけてしまいがちですが、それでは円滑な相互理解には至りません。文化背景が異なれば思考や常識も異なるのは当たり前です。

余計なトラブルを避けるためにも、事前に相手との違いを理解し、尊重するという姿勢を持ちましょう。お互いの文化の深い部分に存在するさまざまな違いを知り、それらを理解することで、異文化コミュニケーションは成り立ちます。

文化は「氷山」にたとえられる

異文化に対する先入観を少なくするためには、どのような知識が必要でしょうか。

ここからは異文化理解の説明モデルの1つである、「**氷山モデル（カルチャーアイスバーグ）**」について説明します。アイスバーグとは日本語では「氷山」のことです。

■文化の氷山モデル

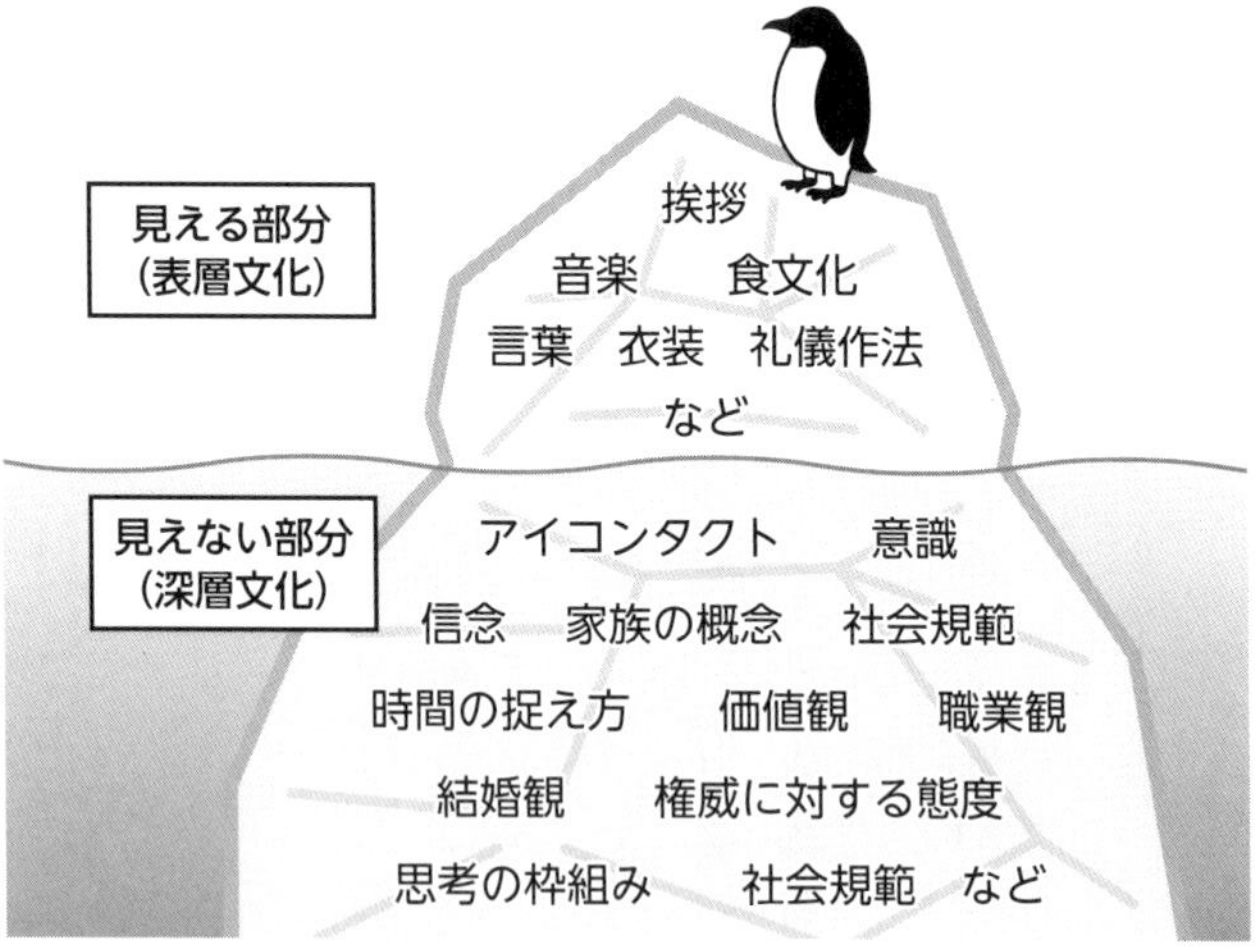

見える部分（表層文化）

挨拶
音楽　食文化
言葉　衣装　礼儀作法
など

見えない部分（深層文化）

アイコンタクト　意識
信念　家族の概念　社会規範
時間の捉え方　価値観　職業観
結婚観　権威に対する態度
思考の枠組み　社会規範　など

米国の文化人類学者エドワード・T・ホールは、文化と氷山は似ていると述べています。つまり、文化は氷山のように、見える部分と見えない部分があるというのです。氷山の海面上に出ている部分が「**表層文化**」、海面下に隠れている部分が「**深層文化**」で、それぞれが異文化理解において重要な役割を果たしています。

異文化を理解する際、他国の人々の「目に見える」言動の背後には、必ずその文化に特有の価値観や考え方などが潜んでいます。そしてそれらがある文化を持つ人のアイデンティティを支えているのです。

文化の見えない部分こそが大切

氷山の大部分は海面下に隠れて見えない部

分で、それが海上に出ている見える部分を支えています。映画「タイタニック」をご覧になった方はわかると思いますが、海面上では小さいと感じられる氷山が、実は海面下では非常に大きく深く根差しています。タイタニック号は、それが原因で衝突事故につながってしまったのでしょう。

文化の「表層」と「深層」のイメージ

次に、氷山モデルの中身をもう少し詳しく見ていきましょう。

海面上の見える部分（表層）は、だれもが目で確認することができる、わかりやすい文化の要素です。例えば、言語、衣装、食文化、芸術、音楽、挨拶の仕方、礼儀作法などが含まれます。これらは他国の人々が訪問した際に、すぐに観察し、感じ取ることができるため、異文化理解の入り口となります。

一方で、氷山の海面下に隠れている部分が深層文化です。そこには、表面的には見えないのですが、価値観、信念、思考の枠組み、社会規範、家族の概念、権威に対する態度、時間の捉え方、職業観など、行動や判断に大きな影響を与える要素が含まれます。表層文化だけでは、その文化の全体像や本質を理解することは難しく、これを超えた部分が氷山モデルの鍵となります。

深層文化の理解がなければ、表層文化の背景や意図を正しく解釈することは難しいため、異文化理解においては深層文化の探求が不可欠です。

実践してみよう

あなたが関心を持っている異文化について、氷山モデルの「見える部分」と「見えない部分」にはどのようなものがあるでしょうか？　それぞれ書き出してみてください。

氷山モデルの「見えない部分」として日本人は「時間を守ることは当然」というふうに考えていますが、海外では必ずしもそのように思わない人たちがいます。

留学や旅行、外国人による文化紹介など、異文化に触れる機会はたくさんありますが、氷山モデルからすると、そこで表面的に見たり聞いたりした「異文化」は、その文化の1割くらいでしかありません。それだけで満足してはいけないのです。

異文化理解の2つの氷山

各国の氷山モデルは文化背景によって形状が異なるため、多種多様な形ができます。

■氷山モデルの具体例

氷山モデルの部分	具体例
見える部分	
見えない部分	

37ページに掲げた図は、日本と他の文化がお互いを理解するプロセスを表したものです。

①日本文化と②外国の文化という2つの氷山があるとしましょう。図の①②の部分は、文化の中で見える部分、すなわち先ほど説明した衣装や食べ物などです。一方で❶❷は表出しないもの（結婚観や子育て観など）を表しています。

日本の文化や外国の文化には、海面下に多くの価値観や独自の経験が存在しています。日本から外国を見ても、逆の場合でも、お互いの隠れた部分（❶❷）は見ることができず、海面上の部分（①②）しか目に映りません。

異文化を理解するためには、「氷山モデル」を理解し、見えない部分❶❷がどのように違っているのか、比較の視点を持って、しっかり認識することが求められます。すなわち、お互いの氷山の海面ラインを徐々に下方向に下げていくイメージです。

考えてみよう

自分の国の文化や行動における「氷山の見えない部分」について、他の国の人に理解してもらうためには、どのような説明が必要になるでしょうか？　また、その説明を行う際に、どのような点が難しいと感じるか、実際に考えてみてください。

例えば、日本の「**空気を読む**」という習慣を、他の国の人にどう説明できるでしょうか？「空気を読む」という習慣を他の国の人に説明するときは、「人の気持ちや場の雰囲気を敏感に感じ取って、それに合わせて自分の言動を調整すること」と伝えるとわかりやすいかもしれません。具体的には日本社会で会議で発言する前に、他の人の意見をよく聞いて、その場にふさわしいタイミングを見計らって話すことも「空気を読む」行動の1つです。

この「空気を読む」感覚が異なる国の人がいきなり日本の会議に出ると、「なぜあなたは意見を言わないのか？」「あなたははっきり答えてくれない」と感じてしまい、誤解が生まれることがあります。

こうした誤解を防ぐための方法として、まずは「日本では場の雰囲気に合わせて遠回しに伝えることが多い」ということを事前に説明することが効果的です。また、「気になったら直接

■異文化理解のメカニズム

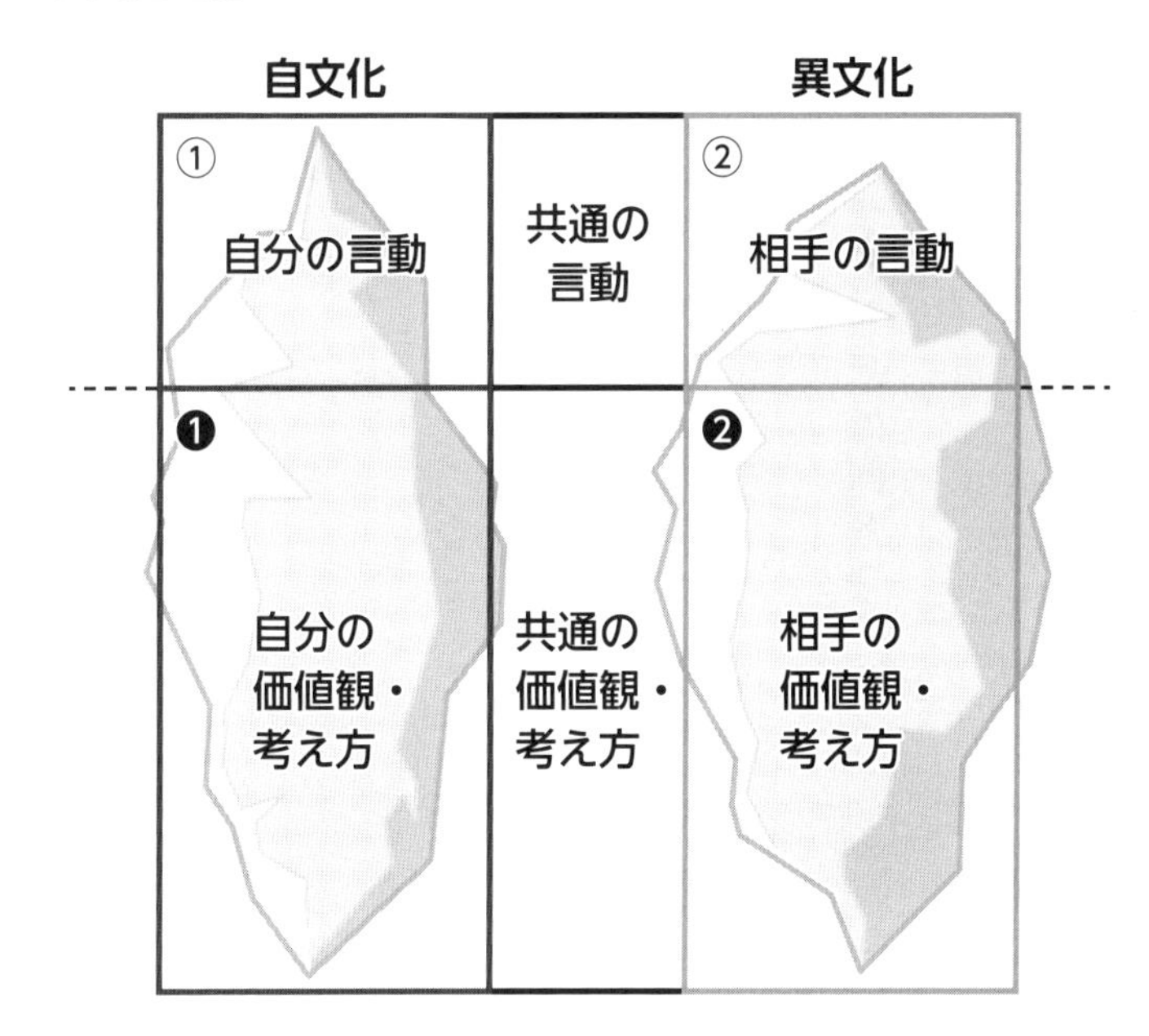

聞いてもらってかまわない」と伝えることで、相手は遠慮なく確認しやすくなるでしょう。

5 異文化理解におけるコンテクスト

Cross-cultural understanding

コミュニケーションは単に言葉を交わすだけではありません。言葉の背後には、私たちが日々生活する中で当たり前のように共有しているものが深くかかわっています。特に異なる文化を持つ人々との対話では、言葉そのものよりも、言葉の「背景」を理解することが重要です。その際、鍵となるのが「**コンテクスト**」という概念です。

本節では、異文化理解における「コンテクスト」がどのようにコミュニケーションに影響を与えるか、そして文化ごとに異なる特徴について探っていきます。

コンテクストとは何か？

コンテクスト（Context）とは、一般的に「文脈」や「状況」などと訳され、ある物事や発言、行動を理解するために必要な周囲の情報や背景を指します。コミュニケーションにおいて、コンテクストは発言そのものだけでなく、それを取り巻く状況・文化・社会背景・相手との関

■「コンテクスト」とは？

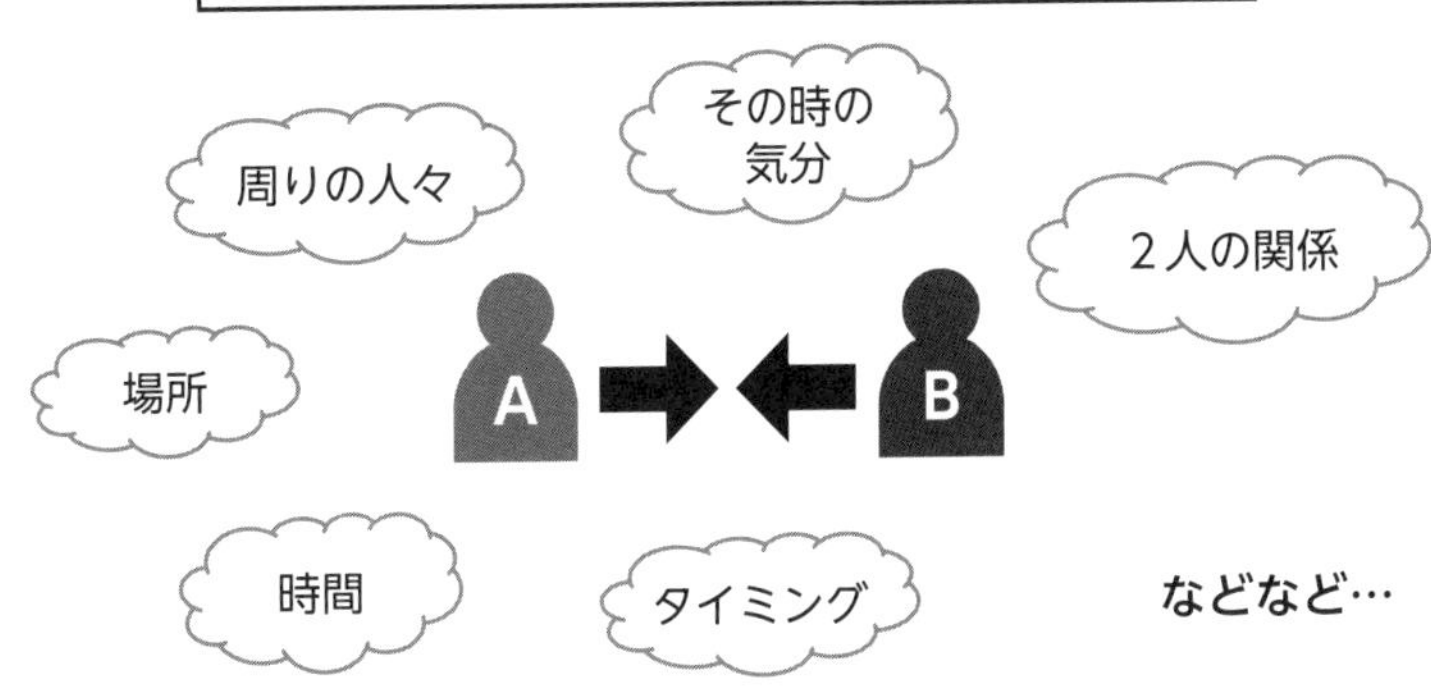

係性など、すべてを含む重要な要素です。

コンテクストの役割

コミュニケーションを円滑に進める上で、コンテクストは言葉や行動の意味を理解するための重要な手がかりとなります。特に、異なる文化や状況でのコミュニケーションでは、単なる言葉のやり取りだけでは伝えきれないニュアンスや意図を読み取るために、コンテクストが果たす役割は欠かせません。文脈を正しく理解することは、相互理解を深め、誤解や摩擦を防ぐ鍵となります。

コンテクストは、次のような役割を果たします。

●意味の補完

言葉や行動に含まれる情報が不足している場合でも、コンテクストを理解することでその意味を補完することができます。

例：日本語の「よろしくお願いします」は状況によって意味が異なる（お願い、感謝、謝罪など）。

●誤解の回避

同じ言葉でも異なるコンテクストでは異なる意味を持つため、コンテクストを共有することで誤解を防ぐことができます。

例：英語の"I'll think about it."が「前向きな検討」か「断る意図」かは文脈次第。

●文化的理解の促進

異なる文化間でのコミュニケーションでは、コンテクストの違いを互いに理解することで、摩擦を回避することができます。

例：日本の「空気を読む」文化と、アメリカの「はっきり伝える」文化の違い。

このようにコンテクストは、言葉や行動の背後にある背景や状況を理解することで、コミュニケーションを円滑にし、誤解や摩擦を防ぐ重要な役割を果たします。

考えてみよう

あなたが日常生活で「コンテクスト（文脈）がわからないと誤解されやすい（誤解しやすい）」と感じた経験はありますか？　それはどのような場面でしたか？

ハイコンテクストとローコンテクスト

コンテクストの役割によって「**ハイコンテクスト文化（高コンテクスト文化）**」と「**ローコンテクスト文化（低コンテクスト文化）**」という大きな違いがあります。この概念は、文化とコミュニケーションの関係を研究した文化人類学者であり、異文化コミュニケーションの先駆者であるエドワード・T・ホールによって提唱されました。

ホールは、ある文化がどれだけ「文脈」に依存してコミュニケーションを行うかに基づき、文化を2つのタイプに分類しました。これにより、異文化間の理解がどのように異なり、どのような誤解が生じるかを説明する理論的な枠組みが提供されました。

ハイコンテクスト文化（High-Context Culture）

ハイコンテクスト文化では、コミュニケーションにおいて文脈や暗黙の理解が非常に重視されます。言葉で明確に伝えることよりも、言葉にされない情報や背景、共通の価値観、歴史的なつながりが大きな役割を果たします。例えば、日本や中国、アラブ諸国などがこの文化に該当します。具体的には、以下のような特徴があります。

- 非言語的な手がかり（表情や沈黙など）が多く使われる
- 相手の意図や気持ちを「察する」能力が重要とされる
- 言葉にしなくても「相手にはわかるはず」と期待される場合が多い

ローコンテクスト文化（Low-Context Culture）

ローコンテクスト文化では、コミュニケーションは言語に依存し、情報を明確に伝えることが求められます。背景や文脈に頼るのではなく、言葉そのものの意味が高くなるのです。アメリカ、ドイツ、北欧諸国などがこの文化に当てはまります。特徴としては、以下のような点が挙げられます。

- 伝えたい内容は、直接的で具体的な言葉によって表現される

・背景や暗黙の了解に頼らず、明確な情報提供を重視する
・誤解を避けるため、詳細な説明や契約書などの文書が重視される

このように、ハイコンテクスト文化とローコンテクスト文化では、情報の伝え方やコミュニケーションの仕方が大きく異なるのです。

なぜ日本はハイコンテクスト文化になったのか

日本がハイコンテクスト文化を発展させた背景には、地理的、歴史的、社会的な要因が密接に関係しています。

まず、島国であり、国土の約7割が山地という地形的特徴が、地域間の移動や外部との交流を制限し、閉鎖的な社会を形成しました。この環境の中で、コミュニティ内で共通の経験や価値観が強化されました。

歴史的にも、日本は江戸時代の鎖国政策（約200年間）をはじめとした海外との交流の制限により、とくに西洋文化の影響を長らく受けませんでした。この結果、言葉にしなくても通じる**「察しの文化」**が重視されるようになりました。さらに、農耕文化や自然災害への対応といった共通の経験を持つ日本社会では、「言わなくてもわかる」「空気を読む」文化が育まれ

ました。

これらの背景が、日本のハイコンテクスト文化を形づくり、相手の意図を非言語的な手がかりから「察する」コミュニケーションを重視する基盤となっています。この特徴は、集団の調和を保つための重要な手段として機能しつつ、世界的な視点から見ると「異文化」として認識されています。

本書の、特に第5章では、このハイコンテクスト・ローコンテクストの違いについて詳しく説明しています（219ページ以降を参照）。

結論を先取りすると、日本は最もハイコンテクストなコミュニケーションを取る国の1つに位置づけられ、そのため、日本人のコミュニケーションのあり方は、世界的なスタンダードから見ると極めて特徴的なものとして捉えられるのが現実です。

この点を理解することで、日本独自の文化をより深く考察するとともに、異文化理解への視座を広げることができるでしょう。

異文化適応のモデル

日本に住んでいる外国人は孤独を感じている

出入国在留管理庁によれば、2024年12月末時点の在留外国人は約337万人で、2014年の約212万人と比べて1・8倍となっています。

パーソル総合研究所が2021年3月に公表した「多文化共生意識に関する定量調査」の結果によると、在留外国人は職場や日常生活において日本人の排他的な言動を経験し、孤独を感じていることが明らかにされています。

外国の人々を日本文化に完全に同化させる（日本人のようにする）ことが最終目標になってしまっては、ダイバーシティ社会を形成することにはなりません。

外国の人々が一緒に学習や仕事をすると、すべてを日本的なやり方で通すことはできません。言語や文化の違いを乗り越えて、異文化交流によって生み出される新しい考え方やアイデアな

Cross-cultural understanding

どを相互に学び合うことが大切です。

大学で留学生を教える中で気づいたのですが、日本での生活に「ストレスを感じにくい」または逆に「ストレスを感じやすい」人はそれぞれ一定数います。これは人によって異文化に対する「適応力」に差があるからでしょう。もちろん適応力があるほうが日本で生活する上ではよいのですが、文化適応にストレスを感じて落ち込んでしまうケースもあるのです。

「異文化感受性発達モデル」とは?

外国の環境に適応し勉強や仕事を心身ともに健全にやり遂げることが、異文化コミュニケーション実践の1つのゴールイメージでしょう。では、人はどのようなプロセスをたどって理想的なゴールに到達するのでしょうか?

アメリカのコミュニケーション学者であるミルトン・ベネットは「**異文化感受性発達モデル**」を提唱しています。

「異文化感受性」とは「異文化や、さまざまな背景を考慮する必要のある状況の捉え方」と定義されます。このモデルは、人が異文化と出会った際にどのように感じ、考え、行動するかということを、6段階に分けて説明しています。

■異文化感受性発達モデル

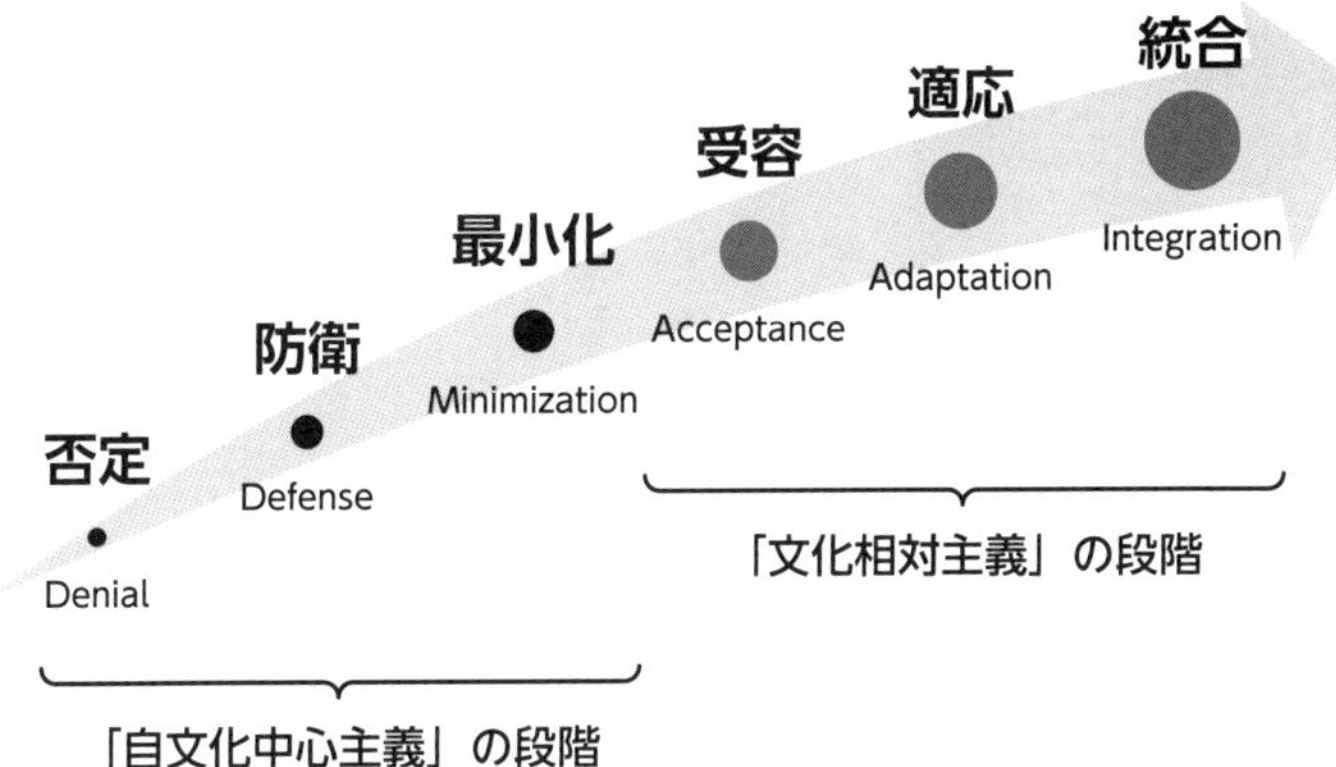

異文化の中での人の心の動きは、上の図の向かって左から「**否定**」→「**防衛**」→「**最小化**」という具合に発達していきます。ここまでの段階は自分の文化に沿って他者を評価する「**自文化中心主義**」の段階にあたるとされています。そして次の「**受容**」→「**適応**」→「**統合**」では、自文化と相手文化の違いを客観的に捉えるようになる「**文化相対主義**」の段階に発達していきます。各段階についてもう少し詳しく見てみましょう。

●否定段階（Denial）

この段階では相手の文化自体を否定するのではなく、自分化との「違い」を否定します。対象の文化的差異に対して興味・関心がなく、違い自体を意識しない場合もあります。ただし、自分に相手文化がマイナスの影響を及ぼす場合は、違いの回避や除外の姿勢を取ります。

●防衛段階（Defense）

ここでは、文化の違いをカテゴリー化し、自文化を「善」、他文化を「悪」と位置づけるイメージを持ちます。他文化に対して批判的になることで自文化の優位性を保とうとします。

この段階では、相手文化のほうが良くて、自分の文化が劣っていると認識する「**逆転現象**」（Reversal）も見られます。これは外国で長期滞在して、自分の国に帰国した際に経験することもあります。

●最小化段階（Minimization）

文化の違いを自分の文化的な物差しで理解することで、これから出会う違いに対する戸惑いや抵抗を少なくするための段階です。相手文化との違いを認め、自文化と似たところを見つけ、それを自身の文化経験に当てはめることで冷静に行動します。ですが、この段階では依然として根本的には自文化を中心とする考えからは脱していない状況です。

●受容段階（Acceptance）

ここからは自文化中心主義から文化相対主義へ視点が変わり、文化的差異を受容するようになります。すべての文化は対等であり、優劣をつけられるものではないという考えに変わっていきます。文化の違いを、人間社会において必然的に存在する価値のある産物として捉え、それを受容できるようになります。

●適応段階（Adaptation）

「文化の違い」を貴重なものとし多様な角度から肯定的に捉え、受容し、異なる文化にふさわしい行動を意識できる段階です。相手に共感し違いに寄り添うことで他者の立場に立った考え方や行動をするようになります。

●統合段階（Integration）

相手の文化の特徴と自分の文化アイデンティティを自然に統合し、それぞれの文化的な特徴や強みを状況に応じて使い分けて適切に振る舞うことができる段階です。自他の違いを好ましいものとして積極的に受け入れ、円滑なコミュニケーションによって新しい自分の価値観を見つけていく姿勢を持つようになります。

このように異文化感受性は、最初は「否定」から始まるのですが、やがては「適応」「統合」の段階に到達していきます。異文化コミュニケーションのゴールのイメージとして意識して、周りの人と強い信頼関係を築きながら協働していくことが大切です。

考えてみよう
異文化と接する中で、自分の文化を守りたいと思ったり、異文化に対して批判的になった経験はありますか？　そのとき、どのような感情が生じましたか？

否定の段階では、異文化に触れる機会が少ない、または異文化の存在自体が視野に入っていない状態が多く見られます。この背景には、自分の文化が唯一の基準であると無意識に思い込むケースがあります。例えば、**集団主義**（日本やアジア諸国）と**個人主義**（アメリカやヨーロッパ）の違いに無自覚であれば、日本人が他国の「個人の自由を重んじる行動」を理解するのは難しいでしょう。

防衛の段階では、自分の文化が異文化よりも優れているという考えが強調されやすくなります。この段階では、異文化に触れることで「自文化が否定される」という不安や恐れが反応として現れることがあります。

性善説（人間は本来善である）を信じる文化（日本や中国など）と、**性悪説**（人間は弱さや悪意を持つ可能性がある）を前提とする文化（西洋など）の違いを考えてみましょう。性善説の価値観では、他者を信じることが当然とされますが、性悪説の文化では契約や法的手続きが重要視されます。こうした違いがあるにもかかわらず、「自分たちのやり方が正しい」と捉えると、異文化の行動様式に批判的になることがあります。

最小化の段階では、文化の違いを認めつつも、共通点ばかりを強調してしまい、文化価値の違いを軽視する傾向があります。例えば、**男性的文化**（成果や競争を重視する文化。アメリカなど）と、**女性的文化**（調和や人間関係を重視する文化。北欧諸国など）の違いを考えると、それぞれが大切にする価値観が異なることがわかります。

最小化の段階では、「みんな同じように成功を目指している」と思いがちですが、男性的文化では競争や勝利が重要視される一方で、女性的文化では成功の定義が異なる可能性があります。この違いを軽視すると、相手の文化を十分に理解することが難しくなります。

このように、異なる価値観が存在することに気づくことが、この段階を越える第一歩です。そして、お互いの文化について「共通点を知ることは重要だが、違いを認識することも同じくらい重要」という視点を取り入れましょう。

実践してみよう

異文化で過ごす中で、自分の行動や考え方を意識的に変えた経験はありますか？そのとき、どのような努力をしましたか？　自分の文化と異文化の両方を尊重し、両者を融合させることに成功した具体的なエピソードがあれば書き出してみてください。

「異文化感受性発達モデル」を、読者の皆さんが自分の感受性レベルを振り返るために活用してみてください。各ステージで感じたことや行動、自分の気づきや経験を次ページ図表の空欄部分に記録し、次のステージに進むための改善点や目標を明確にしましょう。以下、私の例を紹介します。

●努力してみる

アメリカで留学していたとき、授業中に教授やクラスメイトが積極的に質問を投げかけるスタイルに驚きました。日本の教育では授業中に質問をすることが少なく、当初は発言することにためらいがありました。

ですが、周囲の雰囲気に慣れるにつれ、自分の意見を簡潔に伝える方法を練習しました。例えば、事前に質問内容を整理し、授業後に教授に話しかけることで自信をつけ、次第に授業中にも発言できるようになったのです。このプロセスでは、適応のために「新しいコミュニケーション方法」を試す勇気が重要だと感じました。

●統合してみる

教育学の国際的なプロジェクトで、日本の「根回し」のような事前調整と、アメリカの直接的な意見交換を組み合わせた手法を取り入れました。具体的には、会議の前に全員の意見を個

■異文化との出会いで気づいたこと・考えたこと

ステージ	特徴・行動例	気づきや経験	改善や目標
否定（Denial）	異文化の存在に無関心または気づいていない。		
防御（Defense）	自文化を優れたものとし、異文化を否定的に捉える。		
最小化（Minimization）	異文化の違いを軽視し、共通点だけを強調する。		
受容（Acceptance）	文化の違いを認め、理解しようとする。		
適応（Adaptation）	文化に合わせて自分の行動を調整できる。		
統合（Integration）	複数の文化を自分のアイデンティティに取り込む。		

別にヒアリングし、事前に合意を得てから本会議で結論を出すという形を取りました。これにより、日本人チームメンバーが安心して参加できる一方、他の国のメンバーもオープンな議論を楽しむことができました。この経験から、自文化と異文化の良い点を組み合わせることで、双方にとって効果的なコミュニケーションが可能になることを実感しました。

本章のまとめ

本章では、異文化理解の基本として、文化とは何か、その多様性について考えました。自分の「常識」を疑うことの大切さや、文化の氷山モデルを通じて見えにくい部分を理解する方法を学びました。さらに、異文化感受性発達モデルを使って、自分が異文化理解のどの段階にいるのかを知る方法についても勉強しました。

- **文化は多様で変化する**：文化は固定的でなく、時代や状況に応じて変わり続ける。
- **常識を疑う**：自分の「当たり前」が他者にとってそうでないことを意識する。
- **文化の氷山モデル**：見えない深層部分を理解することで相互理解を深める。
- **異文化感受性発達モデル**：自分が異文化理解のどの段階にいるかを確認する。
- **柔軟な姿勢**：文化の多様性を尊重し、他者の価値観と向き合う心構えを持つ。

第2章

Cross-cultural understanding

異文化理解を阻害する要因

　他者との理解を深めるためには、交流の中で生じる課題を知ることが重要です。言語や生活環境の違いだけでなく、私たち自身の思い込みやコミュニケーションの取り方が、相手との誤解や摩擦を生むことがあります。それは、同じ社会や職場、家庭内でも起こり得る課題であり、自分自身を振り返る姿勢が大切です。

　特に、異文化理解を阻害する要因には、言語や文化背景の違い、ステレオタイプや偏見、コンテクストの文化的違いや非言語的コミュニケーションでの誤解があります。これらの要因によってカルチャーショックが生じてしまい、新しい文化に触れた際に感じる不安や混乱が生じて異文化理解をさらに困難にすることがあります。

　本章では、異文化理解を困難にする主要な要因について解説します。

1 カルチャーショック

異文化での生活、また人々と交流をする際、よくカルチャーショックを経験します。本節ではカルチャーショックとはどのようなものなのか、その原因は何か、また、どのような過程を経て回復し、最終的に適応してくのか、などについて見ていきましょう。

カルチャーショックとは何か？

カルチャーショック（culture shock = **文化的衝撃**）は、異国で異なる文化と出会う、またそこで生活する際、その国の気候や風土・人の習慣・考え方・生活様式、宗教的・倫理的な価値観が、自分の国の文化のあり方や常識と大きくかけ離れていたりしたときに生じる、心理的なショック（戸惑い）を指します。

カルチャーショックは、人がある国に持っていたイメージと実際の状況が違った場合や、行きたい外国の言葉を一生懸命勉強したのに、実際には全く通じない、といった場合にも生じます。

日本人が外国で受けるカルチャーショックの代表的なものには、次のようなものがあります。

・家に土足で上がる
・挨拶でハグやキスをする
・チップを渡す習慣がある
・政治や宗教について意見を求められることが多い
・年中行事の祝い方や祭りの盛り上がり方が日本と違う

こうした例はカルチャーショックのほんの一部であり、実際には枚挙にいとまがありません。

私はかつて、外国の友人に「日本人は水とサービスと平和はタダと思っているのか」と言われたことがあります。日本以外の国では、レストランなどで安全な水（おしぼりも）の提供が当たり前でないこと、おもてなしのサービスが期待通りでないこと、そして治安や安全が日本ほど保障されていないことはよくあります。

カルチャーショックは、人によって感じ方が違うため、それぞれの人が経験するカルチャーショックのもととなる状況も異なります。

カルチャーショックの原因

私は大学卒業後すぐにアメリカに留学しました。日本とアメリカの言語の違いや社会的なルール、生活習慣の違いに直面することで、ストレスや混乱、不安を感じることは日常茶飯事でした。

例えば、日本人がアメリカに留学した際に感じるカルチャーショックとして、次のようなものが挙げられます。

●言語の壁

英語の発音やアクセントが理解しにくく、コミュニケーションが取れない。知らないスラング（俗語）も多く、日本の英語教育で学んだことが通用しないことがよくあります。

●食文化の違い

食べ物の味・匂い・量・見た目だけでなく、食事のマナーが異なり、食事を楽しむのが難しいと感じることがあります。アメリカでは大きなピザやハンバーガーが主食として出されることがあり、日本人は驚かされます（逆に、外国人が日本の食文化に触れ、寿司などの生の魚や納豆などの発酵食品に驚くこともあります）。

●社会的習慣の違い

個人主義的な文化に戸惑い、他者との距離感や人間関係の築き方に困惑します。日本では公共の場で静かでいることが重視され、電車内での通話や大声での会話は避けられる傾向がありますが、アメリカでは、電車内での会話や携帯電話の使用が普通とされている場合も見られ、違いに驚くことがあります。

●異なる価値観

アメリカの自己主張を重んじる文化に対し、控えめな日本文化とのギャップに日本人は違和感を覚えます。日本では、相手を尊重するために遠回しな表現や曖昧な言い回しがよく使われる一方で、アメリカやドイツなどでは、率直で直接的なコミュニケーションが好まれます。

考えてみよう

初めて異文化に触れたとき、最も驚いた出来事は何でしたか？　逆に、自分が異文化の人にカルチャーショックを与えたと感じた経験はありますか？

カルチャーショックは国家レベルの異文化間だけで生じるものではありません。同じ国でも、地域によって生じることがあります。東京と大阪の人々のコミュニケーションの仕方の違いなどがそうです。

東京の人が大阪人同士が会話しているのを聞くと、漫才のように聞こえるかもしれませんし、また大阪の人からは、東京の人の話し方は気取っている（冷たい）ように感じることがあるかもしれません。

考えてみよう

カルチャーショックを通じて、どんなことを学びましたか？　他の人がカルチャーショックを感じているとき、どのようにサポートできますか？

私も多くのカルチャーショックを通じて、自分の「常識」が普遍的なものではないことを学びました。また、異文化に適応するには相手の価値観や背景を理解しようとする姿勢が大切であると気づきました。例えば、次のような姿勢です。

・**自己認識を深めること**：自分の価値観や習慣がどう形成されたかを客観的に考える。
・**柔軟性を持つこと**：違いを、「間違い」ではなく「新しい視点」として受け入れる。

・**リフレクション（振り返り）を習慣化する**：日記やメモを使って、違和感や驚きを書き出し、こういったことを振り返ってみる

さらに、他の人がカルチャーショックを感じているときは、まずその感情に寄り添い、否定せずに話を聞くことが大切です。そして、自分が似た状況でどのように対処したかという経験を共有することで、相手に安心感を持ってもらうように心がけましょう。必要であれば地元の文化や習慣について簡単に説明し、具体的なアドバイスをしてみてください。

2 異文化適応の「W曲線モデル」

カルチャーショックは、慣れ親しんだところを離れる不安から引き起こされます。新しい環境に特に問題なく溶け込むことができる人もいれば、大きなストレスを抱える人もいます。

カルチャーショックについて事前にある程度の知識を持っていれば、その影響を最小限に抑えることができます。ここでは、私たちが異文化の中でどのようにしてカルチャーショックに陥るのか、そしてどのようにして回復しその文化に適応していくのか、その過程（プロセス）について見ていきたいと思います。

「W曲線モデル」とは？

カルチャーショックを説明する理論の1つとして、「**W曲線モデル**」があります。このモデルは異文化適応の過程を、人々の感情の起伏と時間経過を軸にグラフ化したものです。W曲線モデルは、主に以下の5つの段階で構成されます。

●ハネムーン期（Honeymoon Phase）

異文化に初めて触れたとき、多くの人が新しい環境に興奮し、ポジティブな感情を抱きます。この時期は、新しい文化や経験に対して好奇心が旺盛で、すべてが新鮮で魅力的に感じられることから「ハネムーン期」と呼ばれます。

しかし、比較的短いことが多く（数週間から数カ月で終わることが多いです）、その後、次第にカルチャーショックを感じ始めることが一般的です。

●カルチャーショック期（Culture Shock Phase）

ハネムーン期が終わると、日常生活における文化の違いや言語の壁が強く意識されるようになります。異文化に対するストレスや不満が増大し、孤独感や不安感が強まります。異文化との摩擦や誤解が生じることも多く、最も困難な時期とされます。

東京外国語大学の留学生の授業は10月から始まりますが、クリスマス前後にカルチャーショックやホームシックを経験する場合がよく見られます。

●回復期（Recovery Phase）

カルチャーショック期を乗り越えると、徐々に異文化に慣れ始め、日常生活が少しずつ快適になっていきます。異文化に対する理解も深まり、言語や文化の違いに対処するスキルが身につくことで、精神的な安定が戻ってきます。

●逆カルチャーショック期（Reverse Culture Shock）

海外での生活が長く続くと、帰国時に逆カルチャーショック（リバースカルチャーショック）を経験することがあります。逆カルチャーショックは、自国に帰った際に、帰国後の生活や社会の変化に対する違和感やストレスを指します。例えば、帰国後に、自国の社会的な習慣や期待、仕事の進め方が、それまで生活していた外国と比べておかしいと感じることがあります。

この段階では、外国での経験と母国での生活との間で次のようなギャップを感じます。

・**文化的な違い**：海外で自由な考え方や行動様式に慣れていた人が、日本の厳格な社会規範やマナーに再び適応するのに困難を感じることがあります。

・**対人関係の変化**：日本での人間関係が硬直的に感じられ、海外でこのようなオープンで率直なコミュニケーションを取ることが難しく感じることがあります。

・**孤立感**：海外での経験が日本で理解されにくく、孤立感を覚えることもあります。

逆に日本で生活していた外国人が帰国後に逆カルチャーショックを経験する場合もあります。例えば、日本の高いサービス品質や礼儀正しさに慣れていた外国人が、自国に戻った際に、次のような事項について違和感や不満を感じることがあります。

■異文化適応におけるW曲線モデル

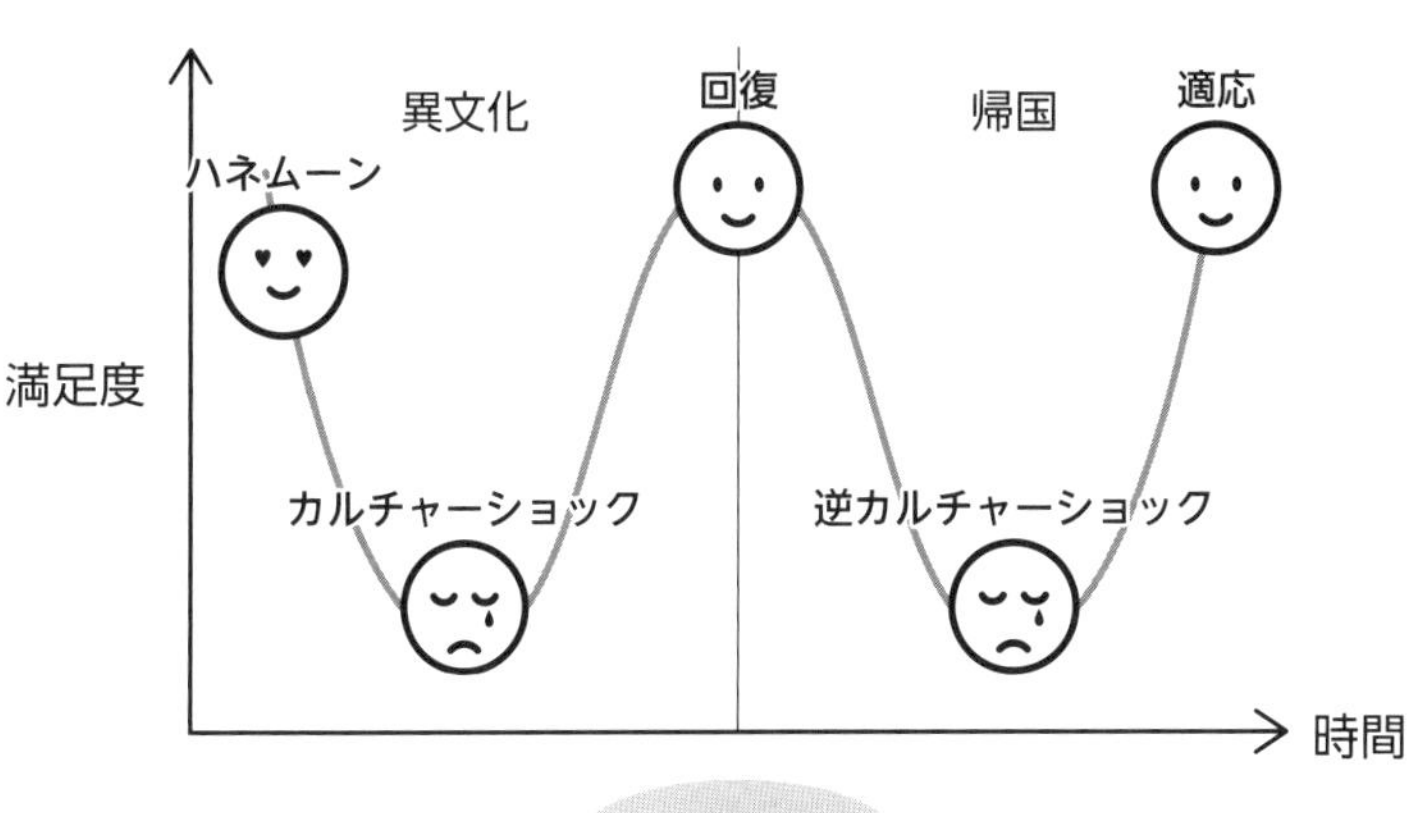

・**日本の「おもてなし」文化**：日本での丁寧なサービスや礼儀に慣れていたために、帰国後のサービスや人々の態度が雑に感じられることがあります。

・**社会の安全性**：日本の安全な環境から、帰国後に治安があまりよくない地域に戻ることで、不安感を覚える場合があります。

●適応期（Adjustment Phase）

この段階では、異文化に完全に適応し、日常生活が快適に送れるようになります。異文化の中で自分のアイデンティティを再確認し、新しい文化を自分の一部として受け入れることができるようになります。この時期に至ると、異文化に対するストレスや不安がほとんどなくなり、安定した生活が送れるようになります。

このような、異なる文化や国籍における二重のアイデンティティを持つ状態は「**ダブルアイデンティティ（双重アイデンティティ）**」と呼ばれ、柔軟性や多様な視点を得ることができます。

以上をグラフにすると、65ページの図のようなイメージになります。この図の曲線はアルファベットの「W」に似ていることから、異文化適応の「W曲線モデル」と呼ばれているのです。異文化に適応する過程を示すモデルで、最初のカルチャーショックとその後の回復、帰国後の逆カルチャーショックから適応に至る心理的変化を「W」字の曲線として表しています。

考えてみよう

「W曲線モデル」のどの段階が自分にとって最もチャレンジング（挑戦的）です（した）か？　その理由は何ですか？

「W曲線モデル」の5つの段階（ハネムーン期、カルチャーショック期、回復期、逆カルチャーショック期、適応期）を自身の経験に当てはめて、自分にとって最も困難だった部分を明確にしてみましょう。

●環境要因

現地の生活習慣や文化が自分の期待や価値観とどのように違いましたか？

例「言葉の壁で意思疎通ができず、孤独感を感じた」

●心理的要因

その段階でどのような感情（ストレス、不安、葛藤）を抱きましたか？

例「自分の文化と現地の文化の違いをどう受け入れるべきか悩んだ」

●行動の制約

適応するためにはどんな行動が必要でしたか？　またそれが難しかった理由は？

例「現地の人々との交流を試みたが、文化背景の違いで誤解が生じた」

これらのポイントを押さえることで、自身の異文化適応のプロセスがよくわかるでしょう。

カルチャーショックは病気ではない

カルチャーショックは、新しい文化や環境に適応する過程で経験する心理的な反応や感情の変化を指しますが、病気ではなく、自然な反応です。

●適応過程の一部

カルチャーショックは、新しい文化に適応する過程で誰もが経験するものです。これは異なる価値観や生活習慣、コミュニケーションスタイルに直面した際の戸惑いやストレスから生じます。しかし、適応が進むにつれて、こうしたショックは徐々に減少し、最終的には新しい環境になじむようになります。

●身体的な健康に重大な影響はない

カルチャーショックは、精神的な不安感や孤独感をともなうことがありますが、これが身体的な健康に重大な影響を及ぼすことは通常ありません。また、時間とともに適応し、適切なサポートや自己ケアを通じて乗り越えることができます。

とはいえ、カルチャーショックが深刻なストレスやうつ状態を引き起こすこともあります。適応がうまく進まず、日常生活に支障を来たす場合や、感情的な負担が軽減しない場合は、専門家のサポートを求めることが大切です。カウンセラーや専門医に相談することで、状況に応じた適切な対処法を見つける手助けを受けることができます。

強いカルチャーショックを感じたときは、「1人で抱え込まない」姿勢を心がけ、必要なときには専門的なサポートの活用も考えましょう。そのように周囲の人にもアドバイスしましょう。

●学びと成長の機会

カルチャーショックを経験することは、自己成長を促す機会にもなります。他の文化に触れることで、自分自身の文化や価値観を見直す機会が得られ、異文化に対する共感力が向上し、より広い視野を持つことができます。

●忍耐力と適応力の強化

カルチャーショックを経験することは、困難な状況に直面しても乗り越える力も養われます。異なる環境に適応するための忍耐力や柔軟性が強化され、これが将来的に他の困難な状況にも適応する力となります。

カルチャーショックは、一見ネガティブな体験のように思われがちですが、それをポジティブに捉え、成長の機会として活用することも可能です。異文化との出会いが、人生をより豊かなものにしてくれるでしょう。

カルチャーショックへの対処法

一般的に、カルチャーショックには、次のような対処法があります。

●情報収集を行う

新しい文化や環境について事前に情報を集めることは、カルチャーショックの軽減に役立ちます。地元の習慣、社会規範、コミュニケーションのスタイルなどを学ぶことで、現地の人々との摩擦を減らし、スムーズな適応が可能になります。

●オープンマインドを保つ

異なる文化や価値観を受け入れるためには、オープンマインドを持つことが重要です。自分の文化を絶対視せず、相手の文化を尊重し、理解しようとする姿勢が大切です。これにより、誤解や対立を避けることができます。

●現地の人々との交流を増やす

現地の人々と積極的に交流することは、カルチャーショックを乗り越える1つの手段です。

友人や知人をつくることで、文化的な違いを理解しやすくなり、孤独感や不安感も軽減されます。

●自分自身を大切にする

新しい環境に適応するためには、心身の健康を保つことが重要です。適度な休息やリラクゼーション、健康的な食生活を心がけることで、ストレスは軽減でき、カルチャーショックに対処する力も養われます。

●時間をかけて適応する

カルチャーショックは一時的なものであり、時間とともに徐々に和らぎます。焦らず、自分のペースで新しい文化に慣れていきましょう。

●自分の感情を理解し、表現する

カルチャーショックを感じた際には、自分の感情を理解し、適切に表現することが重要です。日記をつけたり、信頼できる友人やカウンセラーに話を聞いてもらったりすることで、気持ちを整理でき、ストレスも和らぎます。

これらの対処法を活用することで、カルチャーショックを乗り越え、新しい環境での生活をより充実させることができます。

逆カルチャーショックへの対処法

外国で経験するカルチャーショックについては比較的わかりやすいと考えられますが、母国に戻ってきた際に経験する逆カルチャーショックへの対処法についてはあまり知られていません。

私は、3年間のアメリカ留学で、自分の意見をはっきり伝える習慣を身につけ、自信を持って発言できるようになりました。しかし、帰国後、その習慣が家族や友人との間に予想外の摩擦を生みました。家族との会話で意見を率直に述べた際、「昭人はアメリカ人みたいになった」と言われ、周囲が不快に感じていることに気づきました。友人たちとの会話でも、同様に距離を感じる場面が増え、自分が変わりすぎたのではないかと落ち込みました。

このような逆カルチャーショックへの対処法についても、紹介しておきます。

●再適応のプロセスを理解する

まずは、逆カルチャーショックの存在自体を知ることでしょう。そしてそれが一時的なものであることを理解し、徐々に適応するプロセスを受け入れることが重要です。

●サポートを求める

同じような経験を持つ人々と話すことや、カウンセラーなどの支援を求めることで、逆カルチャーショックを軽減することができます。

●自己反省と調整

自分自身の経験や感情を思い出して、必要に応じて自国での生活の仕方を調整することが、逆カルチャーショックを乗り越える助けとなります。

私が勤務する東京外国語大学は女子学生の割合が高い大学です。以前、私のゼミで北欧の国に1年間留学していた女子学生が、帰国後に逆カルチャーショックを体験しました。その学生によると、「日本は男性優先の社会」「女性に差別的」であるということに気づいたというのです。こうした状況は留学する前はあまり意識することがなかったようでした。

彼女は卒業後にまたその国に戻って就職し、現地の人と結婚して、今では家族を持っています。国籍も変えたとのことです。こうした**ブレインドレイン（頭脳流出）**ともいえる現象は、実際多く見られるものです。

ステレオタイプ

「イギリス人は歩きながら考える。フランス人は考えた後で走り出す。スペイン人は走った後で考える」という**ステレオタイプ**があります。では日本人はどうでしょうか？「事前に十分に計画を立て、その計画を忠実に行動する」というイメージかもしれません。

異文化理解におけるステレオタイプとは、「異なる文化背景を持つ人々や集団に対する一般化された、ときには誤解をともなう信念やイメージ」を指します。

ステレオタイプは、しばしば文化的な違いや多様性に対する理解を妨げ、偏見や差別の原因となります。

ステレオタイプの種類

ステレオタイプは、心理学では、脳が複雑な情報を簡単に処理するために使う方法の1つとされています。情報処理の過程で、脳は特定のグループに対して一貫した印象や期待をつくり出します。しかし、これが間違っている場合、状況に応じて柔軟に対応できなくなるリスクがあります。ステレオタイプには、次のようなものがあります。

●国や人種のステレオタイプ

「日本人は働き者、アメリカ人は気さく、ドイツ人は真面目、スペイン人は情熱的」など、各国の人々への一般化されたイメージが代表的です。このようなステレオタイプは、実際には一人ひとり異なる価値観や行動パターンを無視することになります。

ステレオタイプを使ったジョークに「船が沈没しそう！」というシーンのものがあります。船が沈没しそうになり、船長は乗客たちに海へ飛び込んで避難するよう説得しなければなりません。しかし、乗客たちはさまざまな国の人たち。どう言えば飛び込んでくれるでしょうか？

イギリス人に対して、

「今ここで飛び込めば、あなたは真の紳士と見なされますよ！」

アメリカ人に対して、

「ヒーローになりたくありませんか？　今がチャンスです！」

フランス人に対して、

「見てください！　あそこにワインボトルが浮いていますよ！」

日本人に対して、
「皆さん、もう飛び込みましたよ！」

この他にも韓国人への「日本人はもうあそこまで行きましたよ！」、大阪人への「阪神タイガースが優勝しました！」などがあります。

このようなジョークは、笑いを通じて文化の違いを考えるきっかけになります。もちろん、ステレオタイプを楽しむ際には相手の気持ちを尊重することは言うまでもありません。

国や人種以外のステレオタイプ

ステレオタイプは、地域や職業についてもあります。

●地域のステレオタイプ

地域的なステレオタイプは地理的な特徴が現れます。

私が授業や講演でよく話すのが、「関西人と東京人の違い」という地域のステレオタイプです。このテーマは、笑いを交えながら異文化理解の視点を紹介するのにぴったりです。

関西人は「面白いことを言ってこそ価値がある」と考え、会話の中で笑いを取るのが得意だというイメージがあります。一方、東京人は「丁寧で礼儀正しく、控えめ」とされ、真面目で大人しい印象を持たれがちです。この話をすると、多くの人たちが「確かに！」とうなずきながら笑ってくれます。

さらに、「エスカレーターの右側に立つか左側に立つか」という具体例も、ジョークを交えながら話すと盛り上がります。東京では「左に立って右を空ける」のが普通ですが、関西では「右に立って左を空ける」のが一般的です。また、カップ麺も、東京と関西でスープの濃さやだしの種類が違うという話をすると、「それでカップ麺のラベルにＥ（東の意味）とＷ（西の意味）って書いてあるの⁉」と驚かれることも多いです。

こうした話題をジョークとして提供しながら、「実際には地域による違いだけでなく、個人の好みや背景も重要です」と締めくくると、地域のステレオタイプを笑いに変えつつ、ステレオタイプの偏見に気づいてもらう、よいきっかけになります。

ちなみに、関西人は「明るくてユーモアがある」「社交的」、関東人は「冷静で礼儀正しい」「慎重」といったイメージは、関西弁と標準語（東京弁）の違いがこのステレオタイプを強化する要因になっていると思われます。

●職業に対するステレオタイプ

職業に対するステレオタイプには、「弁護士は冷淡」や「看護師は献身的」といったものがあります。これらは、その職業の人々がどうあるべきかという期待によって形成されるものです。

実は、「歯医者さんは怖い」というステレオタイプは世界的なのだそうです。白衣やドリルの音、過去の痛かった思い出などが不安をかき立てるからでしょう。でも、今の歯医者さんは優しくて、治療もさほど痛くないと思います。

考えてみよう

これまでに他の文化の人々に対してステレオタイプを抱いた経験はありますか？ それはどのような内容でしたか？

オックスフォード大学に留学する前、私は「オックスフォードにいる学生は、全員が世界大学ランキングのトップにふさわしいエリートで、最先端の研究に情熱を注いでいる人ばかりだ」と思い込んでいました。実際、そこには各国の優秀な学生が集まり、高い目標を持って勉強している人が多かったのは確かです。

しかし、クラスや寮での生活が始まると、そのイメージが少しずつ変わっていきました。ある友人は、「私は研究よりもアートのような自由な考え方に興味がある」と話してくれました。また、別の友人は、課題に真剣に取り組む一方で、キャンパス内の草原でピクニックを楽しんだり、軽い冗談を交わしたりなど、素朴で柔軟な一面を見せてくれました。

この経験を通じて、「オックスフォードの学生は全員が超人的な努力家で、緊張感に満ちた生活を送っている」というステレオタイプが、自分の中にあったことに気づきました。教授や学生たちはさまざまな個性や価値観を持ち、それぞれのペースで研究し学び、生活を楽しんでいました。こうした素朴で柔軟な一面を知ることで、オックスフォードでの交流がより豊かで楽しいものになりました。

ステレオタイプ克服のアプローチ

異文化理解においてステレオタイプを克服するためには、次のようなアプローチが有効です。

●教育と意識向上

ステレオタイプがどのように形成されるかを理解し、それが異文化の理解に与える影響を認識することが重要です。異文化理解の教育やトレーニングを通じて、個々の文化やその背景に対する深い理解を得ることができます。

●個人との直接的な交流

異なる文化背景を持つ個人と直接的に交流し、ステレオタイプにとらわれずに個人を理解することが効果的です。

●多様性の尊重と柔軟な思考

異文化に対して柔軟で多様な視点を持つことが重要です。多様であることが当たり前と考え、それぞれの文化に固有の価値や慣習を尊重することが求められます。

ステレオタイプは、異文化理解において大きな障壁となることも多いのですが、それを認識し、積極的に克服する努力を行うことで、より深い相互理解が可能になります。ステレオタイプの存在やメカニズムを知ること、文化背景の違う人々との直接的な交流、多様性の尊重を通じて、偏見や誤解を減らし、異文化間の協力と理解を深めることができるでしょう。

4 スキーマ

ステレオタイプと同じように、異文化を理解するための考え方の枠組みとして「**スキーマ**」というものがあります。スキーマとは、物事を整理し、理解しやすくするための「頭の中のイメージ」や「ルール」のようなものです。例えば、「レストランに行くと、まずメニューを見る」という行動の流れを予測できるのは、スキーマのおかげです。

スキーマは、新しい環境や文化に対応するのに役立ちますが、ときには間違った予測をしてしまうこともあります。そのため、異文化理解を深めるためには、スキーマを柔軟に見直しながら、固定的な考えにとらわれないことが大切です。

ステレオタイプとスキーマは、どちらも物事を理解するための「考え方の枠組み」ですが、意味が少し違います。ステレオタイプは特定の集団に対する広く一般化された信念であるのに対し、スキーマは個人の経験に基づいているため、より個別的なものです。またステレオタイプは固定的で変化しにくいのに対し、スキーマは経験や新しい情報に基づいて更新される柔軟な性質を持っています。

Cross-cultural understanding

スキーマと異文化理解

スキーマは文化特有の行動や価値観を理解するための重要な要素となります。スキーマが異文化理解に影響を与える際には、主に次の2つのメカニズムが働きます。

●同化（Assimilation）

新しい文化の情報を自分の既存のスキーマに当てはめ、理解しようとするプロセスです。例えば、異文化の食習慣を自分の文化の食事に関するスキーマで解釈しようとする場合です。

●調整（Accommodation）

新しい情報が既存のスキーマと一致しない場合に、既存のスキーマを修正して新しい情報に適応するプロセスです。例えば、外国の挨拶方法が自分の文化と大きく異なる場合、新たな挨拶スキーマをつくる必要があります。

自身のスキーマが強固すぎると、異文化の情報を自分の既存の枠組みに当てはめすぎてしまい、正確な理解を妨げることがあります。これにより、誤解やコミュニケーションの障害が生じる可能性があります。また、スキーマが異文化の現実と大きく異なる場合、カルチャーショックやストレスを感じ、異文化への適応が困難になることがあります。

スキーマは、まるで「サングラス」をかけて周囲を見るようなものです。そのサングラスを通して異文化を見ている限り、サングラスの色（自分の価値観や固定観念）に影響され実際の姿が見えづらくなり、相手の文化を正しく理解できなくなります。問題は、多くの場合、自分がサングラスをかけていることに気づかないという点です。

私は講演などでスキーマを説明するときは、実際にサングラスを手に持ち、「皆さん、これをかけると物の色が変わりますよね」と問いかけています。そして、「このサングラスが日本人のスキーマだとしましょう」と説明し、かけている状態をスキーマに縛られた状態、外している状態を正常に周囲を見ている状態と伝えます。

最後に「私たちが異文化に触れるとき、このサングラスを外してみる勇気が必要です」と伝えることで、スキーマの影響に気づき、それを取り払う重要性を視覚的かつ感覚的に理解してもらうようにしています。

考えてみよう

あなたが日常生活で使っているスキーマには、どのようなものがありますか？
（例：スーパーでの買い物、電車の利用、初対面の挨拶など）

読者の皆さんはこれまでに、自分のスキーマが異文化の人々や状況に合わず、驚いたり戸惑ったりした経験はありますか？　そのときどう感じましたか？

中国では、食事を完全に食べ切らず、少し残すことが礼儀とされることがあります。これは「満足している」という意思表示であり、料理が十分に提供されたことを示すための方法です。これに対して日本では、出された料理をすべて食べることが礼儀とされます。料理を残すことはもてなしに対して失礼で、食べ物を無駄にしないことが美徳とされています。

この例は、異なる文化におけるスキーマの違いをよく表しており、同じ行為でも国や文化によってまったく異なる解釈がされることがわかります。

私も学会などでよく中国に行く機会があり、宴会にも招かれることがあります。中国の乾杯文化は、とてもユニークで日本の乾杯とは違います。中国では、乾杯は一度だけでなく、宴会の間に何度も繰り返されます。乾杯のたびに、相手に感謝や敬意を示しながら、お酒を飲むのです。特に、目上の人やホストと乾杯することが大切で、敬意を表すために自分のグラスを少し低くすることもあります。

スキーマを理解し活用する方法

国際ビジネスのシーンでは、異文化のスキーマを理解することで、誤解や対立を避け、効果的なコミュニケーションを促進することができます。例えば、ある国でははっきり伝える直接的コミュニケーションが好まれる一方で、別の国では間接的、婉曲的なコミュニケーションがより適切とされます。このようなスキーマの違いを理解していないと、誤った解釈や意図しない摩擦が生じる可能性があります。

異文化理解におけるスキーマの活用について、以下にポイントとその具体例を挙げておきます。

●時間に対する考え方

日本では時間厳守が非常に重要視されており、約束の時間に遅れることはビジネスにおいて大きな失礼とされます。一方、ラテンアメリカの国々などでは、時間はより柔軟に考えられており、会議や約束に多少遅れても問題にされないことがあります。日本企業がラテンアメリカのパートナーと共同プロジェクトを進める際には、この時間に対するスキーマの違いを理解し、柔軟に対応する必要があります。

●個人主義と集団主義

アメリカなどの個人主義が強い文化では、個人の成果や意見が重視される傾向があります。これに対し、日本や中国など集団主義が強い文化では、チーム全体の調和やグループの利益が優先されがちです。アメリカ企業が日本企業と交渉する際には、個々のメリットだけでなく、全体の利益やチームワークを強調するほうが効果的な場合があります。

●権威に対する態度

ドイツでは、上司に対しても意見を述べることが奨励される文化があり、部下にも積極的にフィードバックを提供することが期待されます。逆に、韓国などの儒教的価値観が強い国では、上司に対して意見を述べることは不敬とされる場合があります。ドイツ企業が韓国で事業を展開する際には、自分たちのスキーマに基づいた管理スタイルが必ずしも適切ではないことを理解し、相手の文化に適応する柔軟性が求められます。

スキーマ対処法

異文化理解におけるスキーマは、異文化の新しい情報を処理し、理解するための重要な枠組みであると同時に、誤解やバイアス（偏り）を生み出す可能性もあります。

そのため、できる限り異文化の人々と接触する機会を増やすことで、スキーマを修正し新しい情報を統合することが重要です。これにより、異文化理解が深まり、より柔軟で適応的な思考が可能となります。

また、**「異文化トレーニング」**を体験することもおすすめです。異文化トレーニングとは、異なる文化背景を持つ人々が効果的にコミュニケーションを取り、協力し合うために行われる教育やトレーニングのことです。

具体的には、関連するさまざまな講義やセミナーをはじめ、ワークショップ形式（参加者がグループディスカッションやロールプレイを通じて、実際に起こりがちなシナリオに基づいて異文化対応スキルを実践的に学ぶ）、バーチャルリアリティやケーススタディ（異文化環境でのコミュニケーションや意思決定を体験する。〈例〉海外に赴任する前に、仮想現実を使って現地の文化やビジネス習慣をシミュレートする）、フィールドワーク（実際に異文化環境に身を置くことで、現地の文化や慣習を直接体験する。〈例〉海外留学や国際ボランティア活動を通じて、異文化理解を深める）といったものです。

私は大学の授業をはじめ、企業や自治体でも、異文化に関する基本的な知識を伝えることを目的としたセミナーを実施しています。そこでは、文化の定義、異文化理解の重要性、文化的な違いの影響などについて話しています。

こうしたトレーニングは、ビジネス、教育、医療など、さまざまな分野で重要視されており、グローバル化が進む現代社会において、特にその意義が高まっています。皆さんもぜひ、参加してみてください。

帰属理論

失敗は誰にでも起こり得るものです。失敗を反省し、その原因を探して、再発を防ぐことは重要ですが、なかには自分の失敗を認められず、他人のせいにする人もいます。日常生活の中で、人は問題が発生した際、自分に責任があるにもかかわらず、その責任を他者に押しつけることがよくあります。

「帰属理論」とは？

人が失敗を他人のせいにするのは、一般的に「自分を守ろうとする」からでしょう。これは、自分の価値観や自尊心を保つための行動ともいえます。

異文化理解における**帰属理論**（Attribution Theory）は、人々が他者の行動や出来事の原因をどのように解釈し、説明するかに焦点を当てたものです。これは、異文化間での交流場面においても特に重要であり、違った文化背景を持つ人々が互いの行動をどのように受け止め、評価するかを理解する手助けとなります。

帰属理論は、行動や出来事の原因を「**内的要因**（個人の性格や意図）」と「**外的要因**（環境や状況）」のどちらに帰属させるかという視点から説明します。ある日本人が外国人の同僚が遅刻したことに対して、その同僚の「性格」が怠惰であると考えるのは内的要因、一方で交通渋滞や公共交通機関の遅れを理由にするのは外的要因です。

異文化間では、文化背景が異なるため、同じ行動でもその解釈や原因の推測が大きく異なることがあります。一般的に日本文化では、謙遜や集団の調和を重視する傾向があります。そのため、日本人は他者の行動に対して外的要因を重視する傾向がありますが、欧米文化では個人の責任や内的要因を重視する傾向が強いとされます。

実践してみよう

帰属理論についてあなたが自分の考えを振り返るために、次のチェック形式の質問に答えてみましょう。

1　他人のミスを見たとき、どちらの理由で考えることが多いですか？

□その人の性格や意図（内的要因）
□環境や状況（外的要因）

2　最近、誰かの行動の原因をどちらの観点で考えましたか？

□その人自身の性格や能力が原因（内的要因）

□周囲の環境や偶然の影響が原因（外的要因）

3　自分が失敗したとき、その原因をどう考えることが多いですか？

□努力不足や能力の欠如など自分自身の問題（内的要因）

□運や状況の悪さなど周囲の影響（外的要因）

4　他人の成功を見たとき、どちらの理由で考えることが多いですか？

□その人の能力や努力が原因（内的要因）

□運や環境の助けが原因（外的要因）

5　異文化の人々の行動を観察したとき、その行動の原因をどちらで考えますか？

□その人の性格や意思（内的要因）

□文化や環境の影響（外的要因）

6　自分の行動や選択が他人からどのように判断されているか、意識することはありますか？
□はい、意識することがある（内的要因）
□いいえ、あまり意識しない（外的要因）

プロジェクトの遅れはどちらのせい？

日本の大手メーカーがアメリカのテクノロジー企業と合同で新製品を開発するプロジェクトを立ち上げたとします。プロジェクトが進行する中で、チームメンバーの間に意見の相違が生じ、進捗が遅れることがありました。それぞれの見解は、次のようなものでした。

●日本企業側の視点

日本企業のマネージャーは、進捗の遅れを「プロジェクト全体の調整不足や市場の変動が原因」と考えました。これは外的要因に帰属する典型的な例です。日本人は、全体の調和を重視し、個々のメンバーを責めることを避け、個人よりも全体のシステムに問題があると捉える傾向があります。

●アメリカ企業側の視点

アメリカ企業のマネージャーは、遅れの原因を「一部のメンバーが必要な責任を果たしていないからだ」と考え、メンバー個人の能力や努力に問題があると判断しました。これは内的要因への帰属です。アメリカ文化では、個々の責任が強調されるため、遅れの原因も個人の行動に帰属されやすいのです。

このような失敗の帰属の違いが原因で、日米両社の間に不満や誤解が生じる可能性があります。日本側は「なぜアメリカ側は個人を責めるのか?」と疑問を持つ一方、アメリカ側は「なぜ日本側は問題に対して個人の責任を問わないのか?」と不満を感じるかもしれません。

帰属理論を活用することで、互いの文化背景と帰属の傾向を理解し、コミュニケーションのズレを調整することができます。先の例でも、プロジェクト初期に「問題が発生した際の原因分析の進め方」を明確にし、共通認識としてどのようにフィードバックを行うかを事前に合意することで、双方の文化に配慮したプロセスを構築できるでしょう。

このように、異なる文化を持つチームメンバーやパートナー企業との協力を円滑に進めるためには、相手の帰属の仕方を理解し、調整することが求められます。

帰属理論は、異文化間での相互理解を深めるための強力なツールです。場面に応じて適切に応用することで、多様な文化背景を持つ人々との間でも効果的な協力関係を築けるでしょう。

異文化理解における差別

異文化理解において、差別は克服すべき大きな課題の1つです。差別は人種、宗教、性別、言語など多岐にわたり、その背景には心理的要因や社会的構造が絡んでいます。また、差別は個人間だけでなく制度や無意識の偏見として現れることもあります。本節では、差別の種類やその発生メカニズム、理論的な背景、そして克服のための方法について考えていきます。

差別の種類

異文化理解において、「差別」はさまざまな形で現れます。以下に主な差別を挙げます。

●人種差別

肌の色や外見的な特徴に基づく偏見や不平等です。白人が中心の社会における有色人種への差別が代表です。

●地域差別

都市と地方、または特定地域の出身者に対する偏見です。日本でもある地域を「田舎者」といったイメージで見たり、特定の地域出身者への誤った先入観を持つ人は多くいます。

●宗教差別

信仰する宗教による差別です。例として、特定の宗教が不当にテロリズムと関連づけられるケースがあります。

●言語差別

言語能力の違いから生じる偏見や差別です。まだまだ、標準語話者が方言話者を軽んじる態度などは多く見られます。

●ジェンダー差別

男女間の不平等や性別役割に基づく差別です。特に日本では女性のキャリア発展における障壁が課題となっています。

●世代間差別

若年層と高齢層が互いに偏見を抱く、また特定の世代（ゆとり世代など）にネガティブな性質傾向を持たせることで、理解と協力が妨げられることがあります。

●職業差別

職業による社会的評価の違いです。ホワイトカラー（総合職など）がブルーカラー（肉体労働に従事する人）を下に見るといった事例が該当します。

差別が生まれるメカニズム

差別が生まれる原因にはさまざまなものがありますが、特に大きな影響を与えるのが、心理的な要因、社会や制度に関係する要因、そして文化的な要因でしょう。これらは個人同士の関係だけでなく、社会全体の仕組みや考え方にも深くかかわっていて、差別を広げたり続けさせたりする原因になります。

●心理的要因

人間は「自分たち」と「他者」を区別し、外部集団に対してネガティブな印象を持つことで、自分たちの集団アイデンティティを強化する傾向があります。また、未知のものや異質なものに対する恐怖や無知が、偏見や差別を助長する要因となります。
例：異文化について十分な知識がないと、外国人労働者に対する誤解や不安が生じることがある。

●社会的・制度的要因

差別は社会構造や制度の中で強化されることがあります。特定の集団を不利な立場に置くことで、権力者や支配層が利益を得る仕組みが差別を固定化します。
例：雇用機会の不平等やジェンダー格差が法律や制度の形で残る。

●文化的要因

文化や伝統に根ざした価値観や習慣が、差別を生むことがあります。特定の世代や性別に対する役割期待、異文化の価値観を否定する態度が差別を生む温床となります。
例：世代間で「若者は忍耐力がない」「高齢者は時代遅れだ」といった固定観念が広がる。

これらのメカニズムが相互に作用することで、差別が生まれ、維持されていきます。

考えてみよう
あなたがこれまでに経験した、または目にした差別にはどのようなものがありますか？　そのとき、どのように感じましたか？

2001年にアメリカで起きた9・11同時多発テロ事件後、アメリカでは「中東出身者」や「イスラム教徒」に対するステレオタイプが広がり、無実の人々が偏見や差別、さらには暴力による被害を受けました。イスラム教徒への職場や学校での差別、空港での不当な扱いも頻発しました。また、シーク教徒の男性がイスラム教徒と誤解され、暴行や殺害の対象となる事件も発生しています。

こうしたステレオタイプの危険性は、個人の人生を壊し、さらなる対立や不信感を生む可能性を示しています。偏見を防ぐには、正確な情報の共有と異文化理解が不可欠です。

日本における差別への取り組みは？

日本と他国を比較すると、差別に対する考え方や取り組みにはいくつかの明確な違いがあります。

●差別に対する認識の違い

日本では、差別に関する議論が他国に比べて表面化しにくい傾向があります。これは、同質性が高い社会であることや、問題を公にしない「和を保つ」文化が影響していると考えられます。一方、アメリカやヨーロッパでは、多様な文化背景を持つ人々が共存しているため、差別に関する問題は日常的な議論の対象となりやすく、歴史背景も相まってより積極的に認識される傾向があります。

●法整備や政策の違い

多くの欧米諸国では、差別を禁止する明確な法律や制度が整備されています。アメリカでは公民権法、ヨーロッパではEUの平等指令などがあり、人種、性別、宗教などに基づく差別を法的に規制しています。一方、日本では差別に対する法整備は限定的であり、具体的な救済措置が不足しているといわれています。ただし、近年では「ヘイトスピーチ解消法」などが施行され、少しずつ前進している面もあります。

●差別解消へのアプローチ

ヨーロッパでは、多様性を尊重する「ダイバーシティ&インクルージョン」の取り組みが企業や教育現場で進められています。これは、差別を減らすだけでなく、多様な人材を活用しようという積極的な姿勢です。一方、日本では「同調」を重んじる文化が強いため、個人の違いを認めるよりも、同じ行動や価値観を求める傾向があります。これが、無意識の偏見や排除を助長する一因ともなっています。

差別に対する考え方や取り組みは、文化背景や歴史、社会構造によって大きく異なります。他国の積極的な取り組みから学びつつ、日本もしっかりと問題に目を向け、意識改革や法整備を進めることが必要です。また、個人レベルでも異文化理解を深め、多様性を受け入れる姿勢を養うことが求められています。

私はよく異文化理解の講演の最後に、ギターやピアノでジョン・レノンの「イマジン」を弾き語ります。この曲は、国境や宗教、文化の壁を越えた、1つの平和な世界を描いたメッセージソングです。歌い始めると、会場に静寂が広がり、参加者の視線が自然と私に集まります。歌い終わった後、参加者が「この歌の持つ平和への願いが胸に響きました」などと話してくれることもあります。私は、音楽は言葉を超え、人々の心に深く届くものだと思っています。

本章のまとめ

- カルチャーショックとは、異文化適応の過程で一時的に感じる心理的負担や混乱のこと。適応が進むことで回復するが、母国に帰国後に「逆カルチャーショック」を経験することもある。
- ステレオタイプとは、他の文化や人々を一面的で固定的な先入観で捉えること。これが誤解や偏見を生む原因になる。
- スキーマとは、物事を理解するための頭の中にある固定された枠組みや考え方のこと。スキーマにとらわれると、異文化を正しく理解できず、誤解や偏見が生じやすい。
- 帰属理論とは、行動や出来事の原因の解釈のこと。人は自分の失敗を環境や他人のせいにしがちで、相手の失敗はその人自身の性格や能力のせいだと考える傾向がある人は、異文化間の誤解や対立を招くことがある。
- 異文化理解における差別とは、文化や人種、宗教などの違いを固定観念や偏見で捉えることから生じる。その克服には、相手の文化・社会背景を正しく理解し、多様性を尊重する姿勢が必要となる。

第3章

Cross-cultural understanding

言語コミュニケーションによる異文化理解

異文化理解において、言語面でのコミュニケーションの違いを理解することは非常に重要です。言語は単なる情報伝達の手段ではなく、文化的価値観や社会的規範を反映し、それ自体が文化の一部として機能しています。例えば、日本語では曖昧で婉曲な表現が好まれますが、英語圏では明確で率直な表現が重視されます。このような違いを理解しないまま接すると、誤解や摩擦の原因になることがあります。

また、日本語の敬語表現や「空気を読む」といった独特の言語文化は、他の文化圏の人々にとって理解が難しい場合もあります。異なる言語の背景にある文化的意味を読み取る力は、異文化理解において欠かせません。

本章では、言語面における異文化理解の重要性について、具体的な事例を交えながら考えていきます。

言語メッセージと記号の基本的な関係

スイスの言語学者であるソシュールは、言語がどうやって意味を伝えるのかを説明しました。ソシュールによると言語は2つの部分からできています。1つは「**シニフィアン**」と呼ばれるもので、これは音や文字、つまり私たちが耳で聞いたり目で見たりする側面です。もう1つは「**シニフィエ**」で、これはその音や文字が伝えようとしている意味や概念のことです。

「犬」という言葉を考えてみてください。この言葉を聞いたとき、あなたの頭の中には「四足歩行の動物で、吠えるペット」というようなイメージが思い浮かぶでしょう。このとき、「犬」という音や文字が「シニフィアン」で、それが示す「ペットの動物」という意味が「シニフィエ」です。この2つが組み合わさって「犬」という言語ができるのです。

Cross-cultural understanding

考えてみよう

あなたが学んだ外国語には、日本語とは異なる独特な概念や表現がありますか？
それらがあなたの考え方や感じ方にどのような影響を与えましたか？

■「シニフィアン」と「シニフィエ」

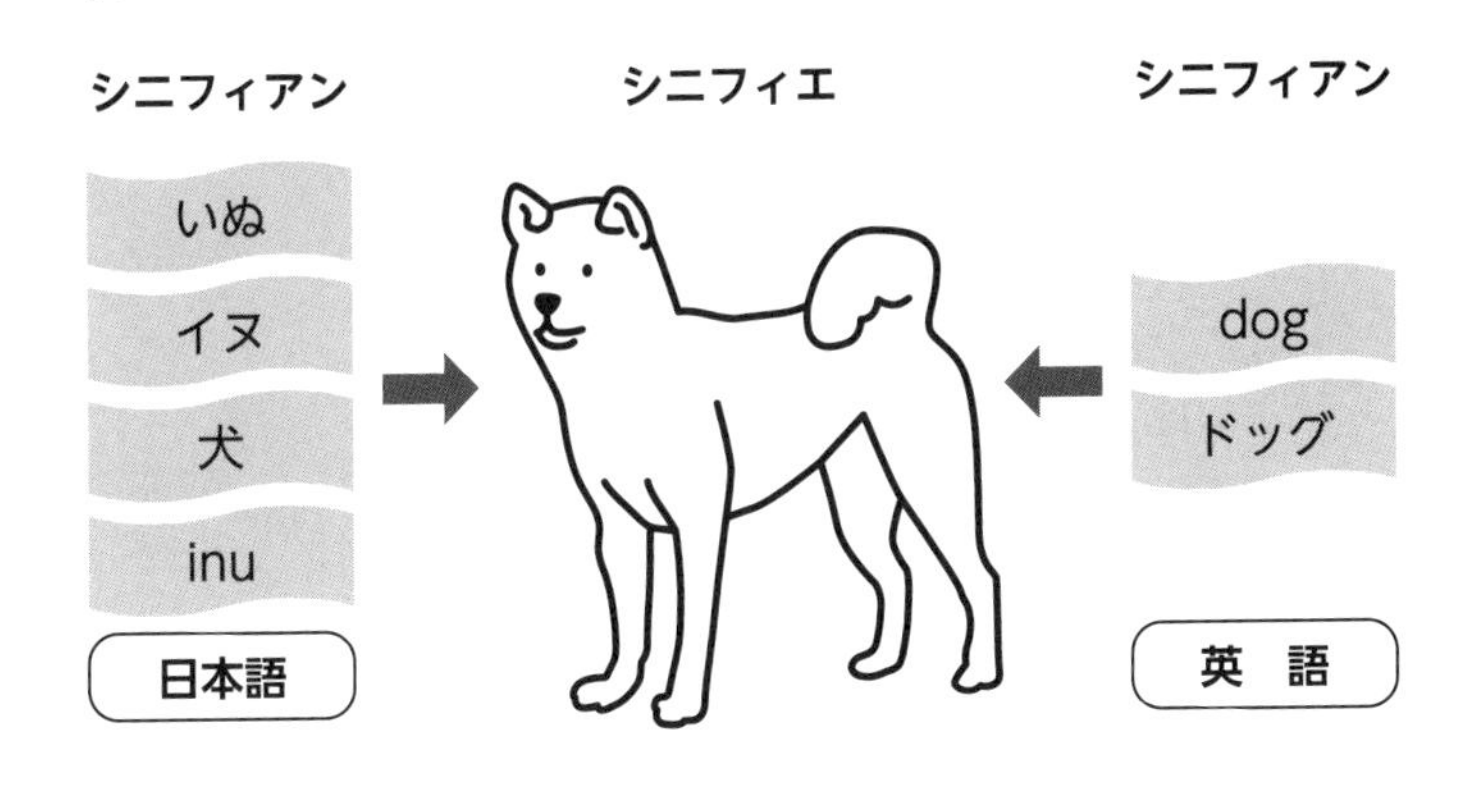

私は留学中、英語の一人称の〝I〟をいつも使うことが、日本語の「私」や「僕」の使い方とは使うのと大きく違うと感じていました。英語では主語を明確にするので、自分を意識することが多くなります。一方、日本語では主語を省略することが多く、相手や状況を重視する考え方につながるように感じました。

また"Time is money."という考え方は、時間を効率的に使う大切さを教えてくれました。それに比べて、日本語の「時間をかける」という表現は、何かを丁寧にすることを大切にする文化を反映していると思ったものです。

SNSの言語と記号

最近の研究では、言語と記号（例えば、絵文字）がデジタルコミュニケーションにどのような影響を与えるかに注目が集まっています。SNSやオンラインプラットフォームで使われる絵文字は、世界中で使われるコミュニケーションツールですが、その意味は文化によって異なることがあります。アメリカでは「サムズアップ」の絵文字が「いいね！」「賛成」の意味ですが、中東の一部では無礼とされることもあります。

これをあなたはどう捉える？

考えてみよう

言葉よりも絵文字が多用されるコミュニケーションは、あなたにとって魅力的ですか？　それとも言葉が不足していると感じますか？

近年、異文化コミュニケーションの研究はより多様化し、デジタルコミュニケーションやグローバルビジネスの分野にも対象が及んでいます。なかでも、ＳＮＳ上での発言は瞬時に世界中に広がるため、文化的なコンテクストを共有しない相手に対して無意識に傷つけてしまうことがあります。例えば、顔文字の意味が日本と外国で異なる場合があります。

日本では、デジタルコミュニケーションにおいて顔文字は感情を表現する手段として親しまれており、その表現は非常に豊富で、細かいニュアンスを伝えることができます。「(^○^)」のような顔文字は、笑顔や喜び、感謝を伝えるために日常的に使われ、メッセージを明るく、

■日本と欧米での顔文字の違いの例

	喜び	怒り	悲しみ	驚き
日本	(^_^)	(#`_´)	(T_T)	(@_@;)
欧米	:)	>:-<	:(	:-O

ポジティブにする役割を果たしています。

しかし、他の国や他の文化圏ではこのような顔文字の解釈が異なる場合があります。西洋の一部のユーザーは「(^O^)」の大きな口を見て、少し「バカっぽい」「子どもっぽい」、状況によっては「バカにされている」という印象を受けることがあるようです。顔文字（絵文字も同様）は日本と他の国では意味が異なっており、場合によってはネガティブに解釈されることは覚えておきましょう。文化や文脈に応じた使い分けが必要です。

ある研究では、SNSにおける企業のカスタマーサービスの対応が、国によって大きく異なることが指摘されています。アメリカの顧客は、直接的で迅速な対応を期待するのに対し、日本の顧客は、より丁寧で間接的なアプローチを求める傾向にあるそうです。

サピア＝ウォーフの仮説

各国の言葉が私たちの思考や世界の見方に影響を与えるという考え方があります。

これは「**サピア＝ウォーフの仮説**」と呼ばれ、異なる言語を話す人々が、さまざまな文化背景を持つことから、同じ現象を違った視点で捉える可能性があることを示唆しています。簡単に言うと、「話す言葉が変われば、見える世界も変わる」ということです。これが、異文化理解における言葉上の誤解や摩擦の一因を解説するものとされます。

「色」について考えてみましょう。ある言語では「青」と呼んでいる色が「緑」と分けられていない場合があります。ヒマラヤの山の中に住むある民族は、青色と緑色を同じ「色」として扱い、１つの言葉で表します。そのため、この民族の人たちは、青色と緑色を「同じ色の違うバリエーション」として見ていることになります。

このように「どんな言葉を使うかで、世界の見方が変わる」のです。使える言語が増えると、新しいものの見方を発見できるかもしれませんね。

アメリカにおける「言葉の正直さ」

アメリカでは、言葉は直接的かつ明確であることが重要視されます。「言葉の正直さ」（意見や考えを率直に表現すること）は、個人主義的な文化背景に基づいていて、奨励されているのです。

アメリカ社会の根底には、キリスト教のプロテスタント倫理があり、これには誠実や勤勉、節約、職業を神の思し召し（おぼしめ）として重んじる価値観などが含まれます。言葉の正直さも、誠実さの一部として捉えられ、ビジネスでも高く評価されます。

海外の学会で、フランス人とアメリカ人の研究者が会議で同席していたときのことです。フランス人の研究者は、少し難しくて抽象的な言い回しを好みました。一方、アメリカの研究書者はそれを「回りくどい」と感じて、もっとシンプルでわかりやすい表現を求めたのです。このエピソードは、言葉の使い方が文化によってどれだけ違うかをよく示しています。

またアメリカはローコンテクスト文化（42ページ参照）の代表例であり、外国人にとっては言葉の裏に隠された意図を探る必要がないため、理解しやすいとされます。

発音と文化の関係

言葉によるコミュニケーションでは、発音は単なる音声の違いだけでなく、文化や社会背景とも深く結びついています。フランス語では鼻音や母音の発音が重要視される一方で、日本語ではそうした音の区別はあまり重要視されません。

例えば、日本人がフランス人と英語で会話をするとき、「r」と「l」の発音が重要になります。フランス語話者にとって、「r」と「l」の音の区別は明確なので、日本人がこの区別を意識せずに発音すると、意味が伝わりにくくなる可能性があります。発音の違いによって、「light」（ライト、明るい）と「right」（ライト、右）が混同されることもあるでしょう。これは、小さな音の違いが大きな誤解を生む典型例です。

一方、フランス語話者が日本語を学ぶ際、かみ（紙／髪／神）など、アクセントの高低によって意味が異なる単語などについて戸惑うことがあります。同様に、日本語話者がフランス語を話す際、鼻音をうまく使えないと、聞き手のフランス語話者にとって違和感があるかもしれません。

協調の原則

多くの言語学者やコミュニケーション学者によって議論されていますが、異文化間で円滑な意思疎通を図るためには大きな原則があるとされます。ポール・グライスが提唱した「**協調の原則**」(Cooperative Principle)と呼ばれるものがその代表です。協調の原則に基づきは、文化ごとのコミュニケーションスタイルや期待に応じて調整していくことで、それぞれが相手に対する敬意や理解を示すことができます。

「協調の原則」とは?

この原則は、会話が円滑に進むためには、話し手と聞き手が互いに協力し合うべきであるという考えに基づいています。グライスによるとこの原則は4つの公理から成っています。

・**質の公理**(Maxim of Quality):事実に基づいた正確な情報を提供する。

Cross-cultural understanding

・**量の公理**（Maxim of Quantity）：必要なだけの情報を提供し、過不足なく伝える。
・**関係の公理**（Maxim of Relation）：その場の文脈に適した情報を提供する。
・**様式の公理**（Maxim of Manner）：明確かつ簡潔に、曖昧さを避けて伝える。

私たちが日常の会話や異文化間でコミュニケーションをする場面で、この原則を実践することは、より良い人間関係や効果的な情報共有への第一歩となるでしょう。

考えてみよう

日常の会話で、「協調の原則」の4つの公理（質、量、関係、様式）を意識したことはありますか？　その例を挙げてみてください。

「協調の原則」とその4つの公理は、円滑で効果的な言語コミュニケーションの基盤を成しています。この原則を意識することで、単なる情報交換を超えた、より深いレベルでの相互理解が可能になります。例えば、「質の公理」を守ることで信頼性が高まり、「量の公理」を意識すれば情報の過不足による混乱を防げます。「関係の公理」によって会話の関連性が保たれ、「様式の公理」によってメッセージが誤解される可能性が低くなるのです。

■「協調の原則」の４つの公理を意識しよう

「協調の原則」の活用事例

日本企業が海外の取引先と交渉する場面でも、４つの公理を意識することで、誤解やトラブルを未然に防ぐことができます。

日本の自動車部品メーカがアメリカの自動車メーカーとの間で供給契約を交渉した際、協調の原則に基づくコミュニケーション調整が重要な役割を果たした事例があります。初期の交渉では、日本企業が詳細な説明を行ったにもかかわらず、アメリカ側は「要求に十分に応えていない」と感じ難航しました。原因は、「量の公理」と「関係の公理」に対する認識の違いにありました。日本企業は細かい情報提供が安心感を与えると考えましたが、アメリカ企業はこれを「必要以上の情報」と捉え、重要なポイントが曖昧になっていると感じたのです。

この状況を改善するため、①日本企業は提供する情報を絞り、②結論を先に述べる形式に変更しました。また、情報の正確性を確認し、信頼性を高めることで、アメリカ企業は「日本企業がニーズを理解し誠実に対応している」と評価するようになり、交渉が円滑に進みました。

結果的に、双方が納得する契約が締結され、長期的なビジネスパートナーシップが築かれたといいます。この事例は、異文化間でのコミュニケーションにおいて、適切な公理の活用が成功の鍵となることを示しています。

快適な会話環境をつくるテクニック

Cross-cultural understanding

外国の人々とのコミュニケーションは、家族や友人とのやり取りとは違って、難しく感じることがあるでしょう。異文化間ならではの注意点やコツも存在します。

この節では、どのような話題を選ぶべきか、効果的な聞き方や話し方のポイント、どのような質問を行うのが適切かなどについて探っていきます。国際交流におけるコミュニケーションをよりスムーズにするためのヒントとして活用してください。

自己紹介はどのようにすればいい？

自己紹介は、会話の始まりにおいて信頼関係を築くための重要なステップです。特に異文化間での自己紹介は、文化的なコンテクストを考慮しつつ、相手が安心して話せる環境をつくるための大切なスキルです。効果的な自己紹介の基本は、相手にわかりやすく自分のことを伝えつつ、相手の文化や価値観に配慮することです。

●相手の文化に合わせた内容

自己紹介の際には、相手の文化に合わせた言葉遣いや内容を選ぶことが重要です。アメリカでは自分の業績やスキルを強調する傾向がある一方で、日本では謙虚さが好まれます。

●個人の物語やストーリーの活用

単なる名前や肩書きにとどまらず、自分自身のストーリーを交えた自己紹介は、相手に親しみやすさを感じさせると同時に、会話のきっかけを提供します。

私は自己紹介の最後にいつも「実は……」というフレーズを使って相手に名前を覚えてもらうようにしています。「実は私は双子です。私の名前は昭人ですが、さて双子の弟の名前はわかりますか?」と言い、続いて「正解は和人です。2人合わせて昭和の人となります!」と締めくくります。

●非言語表現の活用

ボディランゲージや視線、声のトーンは、異文化間での自己紹介を円滑にするための重要な手段です。これにより、相手に安心感や信頼感を与えることができます。

考えてみよう 日本と他の国とで自己紹介の違いを感じたことがありますか？　その具体例を教えてください。

日本のビジネスパーソンがアメリカの企業を訪問し、丁寧に名刺を両手で渡しましたが、アメリカ人担当者はそれをすぐにポケットに入れてしまいました。実はよくある光景なのですが、このエピソードは、名刺交換に対する文化的な認識の違いを示しています。

日本では名刺交換が重要な儀礼とされ、名刺自体がその人の分身と考えられます。一方、アメリカでは名刺は連絡先の情報提供手段に過ぎず、その扱いは重視されません。さらに、日本では会話のはじめに名刺を交換しますが、アメリカやヨーロッパでは、会話の途中や終わりに、必要に応じて名刺を渡すことが一般的です。

5W1Hで会話の幅を広げる

国際的なシーンだけでなく、日常生活や仕事の場面でも、「話が続かない……」「商談がうまくいかなかった……」といった「会話」に関する悩みを抱えている方は多いのではないでしょうか。

相手との対話が途切れることで、関係がぎこちなくなったり、誤解を生んだりすることは珍しくありません。こうした問題を解決するために役立つのが、**5W1H**（Who／What／Where／When／Why／How）という基本的なフレームワークです。

5W1Hは、単に情報を得るための質問ツールとしてだけではなく、会話を深め、相互の理解を広げるための強力な手段です。このフレームワークを使うことで、単なる一問一答のやり取りから脱却し、相手の考えや背景にまで踏み込んだ深い対話を生むことができます。

ビジネスの場面を考えてみましょう。新しいプロジェクトを提案する際に、5W1Hを活用すると、次のように具体的で建設的な会話を展開することが可能です。

Who：「このプロジェクトには、誰が主導的な役割を果たすべきですか？」
What：「具体的にこのプロジェクトで達成すべきことは何ですか？」
Where：「このプロジェクトは、どの市場や地域をターゲットにしていますか？」
When：「プロジェクトの各フェーズは、いつまでに完了する予定ですか？」
Why：「このプロジェクトが重要だと考える理由は何ですか？」
How：「成功に向けて、具体的にどのようにアプローチしますか？」

５Ｗ１Ｈを活用することで、単なる意見交換にとどまらず、しっかりとした理解や合意を築くための会話を進められます。また、ビジネスだけでなく、日常の対話でも５Ｗ１Ｈを使えば、家族や友人とのコミュニケーションが深まります。

考えてみよう

異文化間の会話で5W1Hを使う際、どのように相手の文化や背景に配慮しますか？

一般的に"Why"と"How"の質問が、相手の思考を掘り下げ、共感を引き出す力が強いとされています。これにより、単なる表面的な会話から、相互理解が深まり、信頼関係を築きやすくなります。

例えば、「どうしてそう思ったのですか？」や「具体的にどのように進めたのですか？」といった質問をすることで、相手の経験や考え方を詳しく聞き出すことができます。日本では"Why"や"How"の質問が少ない傾向にありますが、欧米文化ではこれらの質問が頻繁に用いられ、意思決定の透明性を確保しています。

オープンクエスチョンとクローズドクエスチョン

5W1Hを使った質問と同じように、「オープンクエスチョン」と「クローズドクエスチョン」をうまく使い分けることが重要です。相手の文化や考え方に配慮しながら、この2種類の質問をすることで、スムーズな会話や深い理解が生まれます。

●オープンクエスチョン（開かれた質問）

オープンクエスチョンは、相手が自由に答えることができる質問形式です。この形式の質問は、回答に幅を持たせ、相手の考えや感情、経験を深く探るのに適しています。「あなたの国では、どのように休日を過ごしますか?」といった質問は、相手が自分の言葉で説明する機会を与えます。

●クローズドクエスチョン（閉ざされた質問）

クローズドクエスチョンは、限定された回答を求める質問形式であり、通常、回答者は「はい」や「いいえ」または特定の選択肢から選びます。「あなたの国ではクリスマスを祝いますか?」という質問は、簡潔な回答を求める典型的なクローズドクエスチョンです。この形式は、

■オープンクエスチョンとクローズドクエスチョン

クローズドクエスチョン	Yes/Noで答えられる		プロジェクトはうまく進んでいますか？
	限定質問	When	いつまでの予定ですか？
		Where	ターゲットの市場はどこですか？
		Who	主導するのは誰ですか？
オープンクエスチョン	拡大質問	Why	なぜ、このプロジェクトは重要なのですか？
		How	成功に向けて、どうアプローチをしますか？
		What	プロジェクトで何を達成すべきなのですか？

質問の効果的な流れ

具体的な情報を効率的に得るために有効です。

　日本人学生が留学先のフィンランドの大学で、教師から「日本の教育システムについてどう思う？」とオープンクエスチョンを投げかけられ、答えるのに戸惑ってしまいました。そこで教師は、「あなたは日本の教育システムに問題はあると思いますか？」とクローズドクエスチョンを加えると、学生は「はい」と答えて、「いじめなどの問題が……」という具合に次第に自分の意見も話せるようになったといいます。このケースでは、クローズドクエスチョンが、オープンな対話への橋渡しとして役立ちました。

　この例のように、クローズドクエスチョンをオープンクエスチョンへの回答の呼び水にすることもできます。異文化理解の文脈では、これらを状況に応じて使い分けることが重要です。

5 「面子」を傷つけてはいけない

近年、異文化理解の分野で、「人々の心のあり方に関する理論や考え方を、コミュニケーションの観点から見直す必要がある」とする傾向が強まっています。本節では、そうした視点から「面子（メンツ）」という考え方に注目し、面子が人々のコミュニケーションにどのような影響を与えているのかを見ていきましょう。

「面子」とは？

「面子」とは、簡単に言えば、個人が周りの人にどんな印象を与えるかを指します。特に東アジア文化圏において重要な概念であり、個人の尊厳や社会的な評価に深くかかわるものです。面子が重要視される文化圏では、面子を失うことは大きな恥辱とされ、そのため、「面子を守る」こと、そして他人の面子を損なわないようにすることが、コミュニケーションや人間関係の中で大きな意味を持ちます。

■面子を傷つけないためにはどうする？

ビジネスや職場での関係においても、面子は非常に重要です。

面子を重んじる日本や中国などでは、上司や同僚に対して公の場で批判をすると、その人の面子を損ない、信頼関係が壊れ、職場の雰囲気が悪化することがあります。そのため、面子を守りつつ意見を伝える「面子を立てる」技術は、円滑な人間関係を築くための重要なスキルとなります。

考えてみよう

相手の面子を大切にしながら、コミュニケーションをうまく取るにはどうしたらいいでしょうか？

ある国際学会で、中国の著名な学者A氏が講演を行っていました。A氏は中国国内で高い評価を受けている人物で、多くの参加者が彼の発表に期待していました。しかし、発表中に提示された統計データの一部に誤りがありました。

その場で気づいたのは、同じセッションに参加していた若手研究者B氏でした。B氏は、発表の場で直接「このデータは間違っている」と指摘するのではなく、「この部分について、他の研究で異なる結果を見たことがありますが、A先生はどのようにお考えですか?」と、質問の形で柔らかく疑問を投げかけました。この対応により、A氏はミスに気づきつつも、自ら補足説明をする形で修正をすることができました。その場でA氏は、「貴重な視点をありがとう」とB氏に感謝を述べています。

その後、A氏の面子を損なうことなく議論が円滑に進み、B氏もその配慮ある対応が周囲から評価されました。このエピソードは、中国文化において面子を守ることがいかに重要かを示すとともに、それを尊重しながら建設的な対話を行う方法の一例といえるでしょう。

フェイス・スレトニング・アクト

フェイス・スレトニング・アクト（Face Threatening Act＝**FTA**）とは、相手の「フェイス」すなわちその人の社会的な評価や尊厳（面子）を脅かす行動や発言を指します。この概念は、ペネロペ・ブラウンとスティーヴン・レビンソンによって提唱された「**ポライトネス理論**（Politeness Theory）」の中核を成すものです。彼らは、コミュニケーションにおけるフェイスを「**ポジティブ・フェイス**」と「**ネガティブ・フェイス**」の2つに分類しました。

●ポジティブ・フェイス

他者に自分が好意的に受け入れられたい、認められたいという欲求です。褒め言葉を受けたり、主張が認められることで満たされるのがその一例です。

●ネガティブ・フェイス

他者からの干渉や強制を避け、自分の行動を自由に決定したいという欲求です。頼みごとを断る際や無理やり何かを押しつけられる状況では、このネガティブ・フェイスが脅かされる可能性があります。

ＦＴＡは、この「ポジティブ・フェイス」と「ネガティブ・フェイス」のいずれか、あるいは両方を損なう行為を指します。具体的な例としては、次のようなものがあります。

●批判や否定

相手のポジティブ・フェイスを脅かす典型的な行動です。例えば、意見に対して直接的に「それは間違っている」と言うことは、相手の自己肯定感や社会的評価を脅かします。

●依頼やお願い

ネガティブ・フェイスに対する脅威です。特に日本では、直接的な依頼が相手の自由を侵害すると感じられるため、間接的な表現や敬語を使って、依頼の負担感を軽減することが重要とされています。

ＦＴＡの事例

ここからはＦＴＡの具体的な例として、①褒め方、②叱り方、③謝り方、④誘い方、⑤断り方、⑥依頼の仕方について、それぞれのケースでフェイスがどのようにかかわるか、異文化間での違いなどについて、ユニークな事例を交えて説明しましょう。

①褒め方

褒める行為は、一見相手のポジティブ・フェイスを強化するように思われますが、場合によっては逆効果になることもあります。褒める際、相手が「自分の能力を過度に評価されている」と感じると、プレッシャーや不快感を与えてしまう可能性があるのです。

日本では、控えめな自己表現が尊ばれるため、過度な賞賛は相手にプレッシャーを与え、ネガティブ・フェイスを脅かすことがあります。「すごく頑張ったんですね」と言われると、次も同じレベルの成果を期待されているように感じるのです。

アメリカでは、褒め言葉は頻繁に使われ、相手のポジティブ・フェイスを尊重する一方、褒められることに慣れていない文化の人には逆に「これくらいのことで大げさだ」と感じることもあります。

②叱り方

叱るという行為は、どの文化にも見られる普遍的な行動ですが、その方法や目的は文化によって大きく異なります。

叱り方において、日本は「**恥の文化**」の典型例とされています。恥の文化では、他者からの評価や社会的な立場が重要であり、叱る際にもその人が社会においてどう見られるかを意識します。日本の企業文化では、叱る際に他者の前で個人を責めるのではなく、個別に話をする傾向があります。また、叱る際にも「この点はもう少し工夫できるかもしれませんね」といった、遠回しな表現が使われます。これは、本人の「面子」を守りつつ指導を行うためです。

逆に、「**罪の文化**」が強い西洋社会では、個人の道徳的責任が重視されるため、間違った行動に対しては直接、個人を責める形で叱ることが一般的です。ですので、「この部分が間違っているので、次回からはこうしてほしい」や「この方法ではうまくいかないから、他のやり方を考えましょう」など、公の場でも普通に叱責が行われています。個人に働きかける傾向が強いのです。

叱ることは相手のポジティブ・フェイスを直接的に脅かすため、特に配慮が必要です。叱責の内容や方法を間違えると、相手の尊厳を傷つけ、コミュニケーションが壊れる可能性があります。

ある日、私は留学生に「論文のこの部分ですが、もう少しデータなどで確認しておいたほうがよさそうですね」とさらりと指導したところ、留学生はこれを「単なるアドバイス」と受け取り、そのままにしてしまいました。後日私が同じような言葉で指摘したため、その学生はとてもショックを受けたといいます。私は「気をつけるように」とやんわりと叱責したつもりだったのですが、留学生には、当初はそのニュアンスが伝わらなかったのです。この例は、叱責が、ときに誤解を生むことを示しています。

③謝り方

謝罪は、特に相手の気持ちや立場に影響を与える行為です。相手の気分や事物などを損ねたことを認め、それを補う形で行います。謝り方によっては、相手の気持ちをさらに傷つけることもあります。

日本では、謝罪は非常に重視され、誠意を持って何度も謝ることが一般的です。しかし、あまりに多く謝罪すると相手のフェイスを逆に損なうことがあるため、適切に行うことが重要です。

簡単に謝罪しない文化も存在します。訴訟大国のアメリカでは謝罪をすると、その行為が裁判で自分に不利に働く可能性があるため、特にビジネスや法的なシーンでは避ける傾向にあります。「謝罪＝過失を認める」と解釈されることが多く、リスクを回避するため慎重になるのです。また、個人主義が強く、自己責任の考えが根づいているため、問題が起こった際には謝罪よりも、状況を説明し解決策を提示することが重視されます。

さらに、大統領など特にリーダーシップを発揮する立場にある人々にとって、謝罪は弱さを示すとされるため、代わりに言い訳や説明に終始するケースも多く見られます。

日本の会社で行われた会議で、ある外国人が遅刻した際に"Sorry for being late."（遅れてすみません）と一度だけ、簡単に謝りました。その場にいた日本人社員は「誠意が伝わってこない」と感じたといいます。これは、謝罪の感覚の違いがはっきりわかる事例でしょう。

④誘い方

誘う行為は、ときとして相手に対して「断りにくい状況」をつくり出してしまうので注意が必要です。相手が無理に応じなければならないと感じないように、優しく、そして柔らかく誘うことが理想的です。

日本では、誘いを断りやすいよう配慮がなされることが一般的です。「もしよろしければ、次の週末にでもお茶でもいかがですか?」というような柔らかい表現が使われます。

アメリカでは、より直接的な誘い方がされます。"Are you free this weekend? Let's go for a coffee!"（今週末は時間がありますか？　コーヒーを飲みにいきましょう！）のような形で、相手のスケジュールを確認した上で誘うスタイルが一般的です。

また、断り方にも違いがあります。欧米圏の国々では、誘いに対して「行けない」とはっきりと伝えることは、相手に対して誠実であると見なされます。一方、日本では、相手の気持ちを尊重し、断ることによって相手のポジティブ・フェイスを傷つけないように、あえて曖昧な表現を使うことがあります。

イタリア人の留学生が日本人の学生に週末の予定を尋ねた際のことです。日本人学生は「ちょっと考えておくね」と返事をしました。ところが、留学生は「ちょっと」の曖昧さを直訳的に受け取り、「まだ少しだけ迷っているんだな」と解釈したのです。そのため、彼は何度も「どう？　決まった?」と確認を重ね、ついには「考える時間はたっぷりあげたよ！」と真剣に提案するほどでした。

日本人学生にしてみれば、最初の「ちょっと考えておく」で断ったつもりだったのに、話がどんどん大ごとになったわけです。最終的に「実は行けないんだ」と伝えると、留学生は「じゃあ、最初からそう言ってよ」と困惑気味でした。

このエピソードは、日本語特有の曖昧表現が異文化間では誤解を生みやすいことを示すよい例です。「ちょっと」と「考えておく」が織りなす微妙なニュアンスは、日本人にはなじみ深いものの、他の文化圏では全く異なる解釈をされることがあるのです。

⑤断り方

もう少し詳しく、断り方を見ていきましょう。誘いへの返事となる「断り方」におけるフェイスの扱いは、とても繊細です。相手が「自分が大切にされている」と感じたい気持ちを損なわないように、相手を尊重しながら断ることが重要です。日本では、断るという行為そのものが、相手に「拒絶された」と感じさせる可能性があるため、特に丁寧な表現が求められます。「Ｎｏと言えない日本人」というフレーズを聞くことがありますが、外国人の間では日本人は〝Ｙｅｓ〟と〝Ｎｏ〟をはっきりと言わないと思われています。

とりわけ、断ることは非常に慎重に行われ、「少々お時間をいただきます」「調整中です」「社内の関係部署の意見を聞いているところです」「難しいかもしれませんが、検討します」といった婉曲的な表現が使われます。アメリカでは、断ることが明確に表現される場合が多く、“Sorry, I can't make it this time.”（申し訳ございません。今回はそれはできません）のように直接的に伝えるのが一般的です。

ある外国人社員が、日本の取引先からの提案を「正直に言って、このプランはあまり賛成できませんね」とそのまま伝えました。これを聞いた取引先の日本人担当者は、その後の会話で突然無口になり、明らかに雰囲気が変わりました。外国人社員が後で日本人の同僚に「どうして急に雰囲気が悪くなったのか」と尋ねたところ、「断るときはもう少し気を遣って、相手の提案にも価値を感じていることを伝えるのが大事だよ」と教わりました。

このような場合、日本ではどのような表現が使われるでしょうか？　次のように言うと、相手のフェイスを守りつつも断ることができます。

「素晴らしいご提案をありがとうございます。いくつかの点で、私たちのプロジェクトには少し適していないかもしれませんが、他に良いアイデアがあればぜひお聞きしたいです」

相手の提案を「素晴らしい」と一旦認めた上で、問題点をやんわりと指摘し、さらに次の提案に期待を持たせる形で断る。これによって、相手のフェイスを守りながらも、しっかりと自分の立場を伝えることが可能になります。

⑥依頼の仕方

依頼の仕方では、相手の「自分の自由を守りたい」「干渉されたくない」という気持ちに配慮することが大切です。相手が「やりたくないのにやらされる」と感じてしまえば、コミュニケーションがぎこちなくなります。特にビジネスシーンでは、相手に負担を感じさせないよう、依頼の方法や言葉遣いに細心の注意を払う必要があります。

日本では、依頼は非常に丁寧に行われ、相手の負担を最小限に抑えるように配慮されます。

「申し訳ありませんが、お手すきのときにお願いできますか？」といった表現が一般的です。

また、教師や上司などに窓を開けてほしいとき、「窓を開けてください」と言うのではなく、「今日は暑くありませんか？」といった具合に、相手に気づかせる形で依頼を行います。

英語圏では、より直接的に依頼することが普通です。"Could you please finish this by tomorrow?"（明日までにこれを完成させてください）といった形で、明確な依頼がされます。

日本の企業で働くアメリカ人のサラさんが、上司の田中さんから「今週中にこの資料を作っておいてくれるかな？」と、軽く頼まれたときのことです。サラさんは「もちろん！」と元気に答えたものの、その仕事が大きなプロジェクトにかかわる重要な資料だと後から判明。実際は、想像以上の内容とスピードが求められていたことに驚いたといいます。

田中さんの依頼は、一見「軽いお願い」に聞こえたのですが、日本の文化では「かな？」という表現が「必ずやってほしい」という意味を含んでいることがよくあります。サラさんは、そのニュアンスを理解しておらず、もっと気軽なタスクだと思っていたのです。

このようにＦＴＡは、異文化理解に欠かせない要素です。ポジティブ・フェイスとネガティブ・フェイスの違いをよく理解して、それぞれの文化背景に応じた適切なコミュニケーションスタイルを選択することが、円滑な対話を促進します。

考えてみよう

FTAに関するクイズです。それぞれのケースでフェイスのかかわりや異文化間の違いを考えてみましょう。

①褒め方

Q1 中国では、「子どもがとても優秀ですね」と褒められたとき、多くの親が謙遜するといわれますが、理由として最も適切なのは次のどれですか？

A 自分を控えめに見せるため
B 社会的調和を保つため
C 自慢に聞こえないようにするため

Q2 インドでは、上司が部下を叱るとき、どのようなフェイスの配慮が重要だといわれていますか？

A 部下の個人的なプライドを守るため、他人がいない場で叱る
B 強く叱責して部下に反省させる
C グループ全体の前で指摘し、他のメンバーにも教訓を示す

Q3　中東では、謝罪をする際に感情を込めた言葉やジェスチャーが重視されます。次のうちどれが謝罪の一環としてよく使われる行動ですか？

A　笑顔で謝罪する

B　胸に手を当てながら謝る

C　できるだけシンプルな言葉で謝る

Q4　イギリスで誰かをお茶会に誘う際、相手のフェイスを守りつつ自然な言い方として最も適切なのはどれですか？

A「ぜひ来てほしいんだけど、どう？」

B「もしご都合がよければ、来ていただけると嬉しいです」

C「絶対に来てね！　期待してるよ！」

Q5　アフリカの多くの文化では、誰かの頼みを断る際に次のうちどの表現が相手のフェイスを守るために適切とされていますか？

A「今は難しいですが、また相談させてください」

B「できません、それは無理です」

C「その日は忙しいので、無理ですね」

Q6 ベトナムで誰かに依頼をする際に、相手のフェイスを守りながら配慮するために最も適切な表現はどれですか？

A「忙しいとは思いますが、お願いできると助かります」

B「これをやってください。急ぎです」

C「あなたならきっとできると思うので、お願いします」

正解

Q1：C

中国では、自慢することは社会的に好ましくないとされるため、褒められた際に謙遜することで謙虚さを示します。

Q2：A

インドでは、個人のプライドを尊重する文化があり、他人の前で叱ると相手のフェイスを大きく傷つけるとされています。

Q３：B

中東では、ジェスチャーをともなう謝罪が誠実さを伝える手段として重要視されます。

Q４：B

イギリスでは、相手に選択肢を与えつつ丁寧に誘う表現が好まれます。

Q５：A

アフリカの多くの地域では、直接的に断ることを避け、曖昧な表現で断りの意図を伝えることが一般的です。「また相談させてください」といった未来に希望を残す表現は、相手を尊重しながら関係を良好に保つために効果的です。

Q６：A

ベトナムでは、相手の忙しさや状況に配慮した依頼の仕方が重要です。「忙しいとは思いますが」という前置きは、相手の立場を尊重する意図を伝えつつ、依頼の負担を軽減します。

6 各文化の文章構造の違いから見えてくるもの

異文化理解の重要性が高まる中、言語の研究における文章の構造や論理展開の違いにも注目が集まっています。

文章構造の違いに関する理論

アメリカの言語学者であり、異文化間の文章表現や修辞学の研究で知られるロバート・カプランの文章構造の違いに関する理論は、文化ごとに異なる文章の特徴を明らかにし、異文化間のコミュニケーションにおける新たな視点を提供しました。

本節では、カプランが提唱した5つの主要なパターンを詳しく見ながら、それぞれの文化が文章を通じてどのように自らを表現しているのかを探っていきます。

カプランは、英語のエッセイに見られる直線的な論理構造と、他の文化圏のそれとは異なる論理構造を比較しました。具体的には、異なる文化圏の人々がどのようにして自分の考えを文章で表現するかに注目し、次に挙げる5つの主要な論理構造のパターンに分類しました。

●直線的（Linear）

英語圏の文章では、論理が明確で直線的に展開されます。導入、主張、サポート、結論という順序が基本であり、読者が簡単に著者の意図を理解できるように構成されています。

●反復的（Circular）

セム語族の言語（アラビア語など）においては、議論はしばしば繰り返しや迂回的な方法で進行し、結論に達するまでに複数の視点が提示されます。

●螺旋（らせん）的（Spiral）

アジアのいくつかの文化（特に日本語、中国語）では、意図が間接的に徐々に明らかになるように進行します。重要なポイントが暗示的に提示されることも多くもあります。

●逸脱的（Digressive）

ラテン語圏の文化（スペイン語、フランス語など）では、主題からの逸脱が頻繁に見られ、主題と副主題が混在する形で議論が進行します。

■カプランによる言語の論理構造のパターン

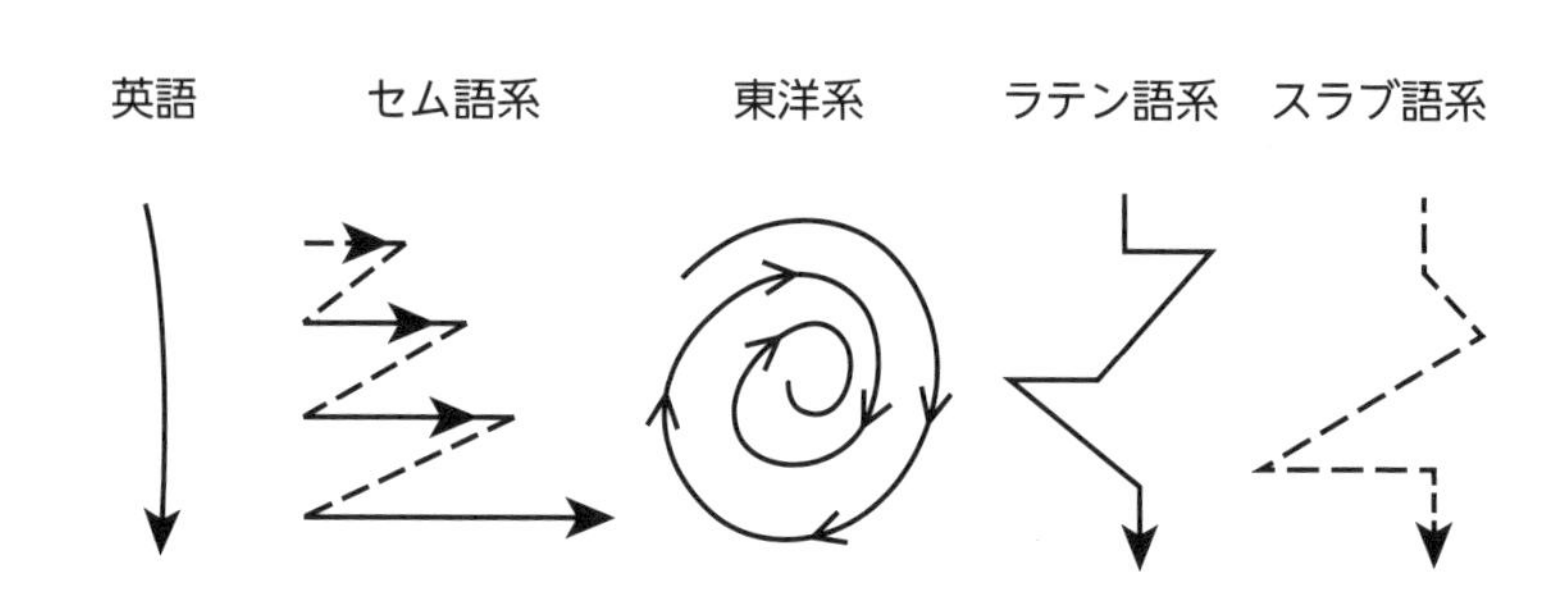

●並列的（Parallel）

スラブ語族の言語（ロシア語など）では、複数のテーマやアイデアが並行して展開され、結論に達するまでにそれぞれのテーマが独自に進行します。

カプランによると、各文化はそれぞれ異なる思考パターンを持っており、それが文章にも反映されると指摘しています。文化圏ごとにで文章の展開が直線的（linear）であるか、そうではなく間接的（indirect）であるかを分析し、特に英語圏では、論点を直線的かつ明確に展開する「直線型構造」が主流であり、結論を最初に述べ、その後に論拠を提示する形が一般的であるとしています。

一方、日本の文章構造は「間接的」であるとされています。カプランはこの構造を「螺旋構造」または「円環構造」と呼び、結論に至るまでに、文脈や背景を丁寧に説明しながら徐々に核心に近づくスタイルが多いと説明しています。このような構造は、相手の気持ちを考慮し、あまり直球で物事を述べない日本文化のコミュニケーションスタイルと密接にかかわっています。

考えてみよう 異文化の文章構造を知ることが、学術論文やビジネス文書の書き方にどのように役立つと思いますか?

アメリカの大学で初めてエッセイを書く授業を受けたときのことです。私は日本で慣れ親しんだ「起承転結」のスタイルを忠実に守り、エッセイに取り組みました。「起」で背景を説明し、「承」で話を具体化し、「転」で驚きの展開を持たせ、最後に「結」で結論をしっかりまとめる。日本ではこの形式が美しいとされ、読み手に深い印象を与えるものだと教えられ、そう信じていたからです。

ところが、提出したエッセイが返却されると、教授から厳しいフィードバックが書かれていました。「なぜ途中で議論がそれるのか?」「結論がどこに向かっているのかわからない」「もっと論理的に書きなさい」――私は驚きと同時に困惑しました。私にとっては、自然な流れで進んでいる文章が、アメリカ人には「論点がずれている」と感じられるとは思いもしなかったのです。

授業後、教授のところに行くと、彼はこう言いました。「アメリカのエッセイは、最初に結論を提示し、それをサポートする形で議論を展開します。あなたの文章は興味深いけれど、論理的ではないんだ」。

私はそのとき、「起承転結」という日本的な形式に縛られすぎていたことに気づきました。日本では結論を最後に持ってくることで読者に感動を与えることが美徳とされていますが、アメリカでは「結論が明確であること」が読者に安心感を与えるのです。

読み手の責任？　書き手の責任？

日本では、一般的に文書の理解については、読み手に責任があると考えられる傾向があります。つまり、文章が曖昧であったり暗示的であっても、読み手が文脈や暗示を読み取って理解することが期待されます。これには、日本の文化における「空気を読む」「相手の意図を察する」という価値観が背景あります。

一方、欧米をはじめとする多くの国では、書き手に責任があるとされます。つまり、文章が明確であり、誰が読んでも同じように理解できるように書くことが書き手の責任と考えられているのです。こうした文化では、コミュニケーションの透明性や明確さが重視され、読み手が迷わずに内容を理解できるようにすることが重要とされます。

考えてみよう

英語のエッセイのように結論を明確に示す文化と、日本語の「行間を読む」文化では、読み手と書き手の責任の役割分担にどのような違いがあると思いますか？

グローバルな社会では、通常書き手には自分の意図や結論をわかりやすく表現する責任があります。特に論文や報告書のような形式では、読者が迷わずに内容を理解できるように、論理的で整理された構造が求められます。ただし、小説や詩のように読者の解釈を誘発する目的の場合は、あえて明確さを避け、感情や雰囲気を優先することもあります。書き手の責任は、文章の目的やジャンルに依存します。

グローバル化が進展する中で、カプランの理論に対する再評価が行われています。一方で、インターネットやデジタルメディアの普及により、文化がますます混じり合い、伝統的な文章構造の違いが薄れているという見解もあります。

今日では、異文化理解におけるコミュニケーションでは効率性や透明性が重視されるため、直線的な文章構造が国際的にも広く受け入れられるようになってきています。

言語コミュニケーションにおける日本語の特殊性

Cross-cultural understanding

異文化理解における言語コミュニケーションの中で、日本語は他の言語とは異なる独自の特徴を持っています。日本文化や社会の価値観、さらには人間関係のあり方に深く根ざしており、日本語特有の表現や伝え方を生み出しています。

敬語や曖昧な表現、「行間を読む」文化など、日本語ならではのコミュニケーションスタイルは、日本人同士の円滑な関係構築に役立つ一方、他の国の人とのやり取りでは誤解を生む可能性もあります。

このような日本語の特殊性を理解することは、異文化理解を深め、よりよいコミュニケーションを築くための重要な鍵となります。

主語の省略

日本語では、主語が省略されることがよくあります。外国人にとっては、ときに「何の話をしているんだろう?」と思わせてしまう、ユニークな言語的特徴です。次のような会話を想像してみてください。

A「今日、どうするの?」

B「映画に行くよ」

ここでは、AもBも「誰がどうするのか」という主語を明示していませんが、日本語の話者同士では全く問題なく通じます。

Aは「あなたは今日どうするのか?」と聞いているのが当たり前で、Bは「私は映画に行く」と答えていると理解できます。まるで心の中でお互いが通じ合っているかのようです。

英語に訳すときには、"What are you going to do today?"(あなたは今日何をする予定でしょうか?)、"I'm going to the movies."(私は映画に行く予定です)のように、主語を明確にする必要がありますが、日本語では文脈がすべてを補ってくれるので、わざわざ言う必要がないのです。

これは、日本人の「空気を読む」文化にも通じていて、言葉にしなくてもお互いの意図や感情を察することが求められます。

主語・目的語・述語の位置の柔軟性

主語・目的語・述語の順序が驚くほど自由なことも日本語の面白い特徴の1つです。まるで言葉のパズルを遊ぶように、どの順番で言葉を並べても、きちんと意味が伝わります。

「私はリンゴを食べる」
「リンゴを私は食べる」
「食べる、私はリンゴを」

どれも、「私はリンゴを食べる」という同じ内容を伝えているのですが、微妙にニュアンスが変わってきます。「私はリンゴを食べる」なら普通の会話の流れですが、「リンゴを私は食べる」と言うと、「私が食べるのは（バナナやイチゴではなく）リンゴだ」と、リンゴを強調しているかのように感じさせます。そして、「食べる、私はリンゴを」は、まるで映画のナレーションのようで、聞き手に強い印象を与えます。

英語だとこうはいきません。"I eat an apple."を"An apple eat I."と言い換えると、後者はもはや暗号のように聞こえてしまい、何を言いたいのか伝わりません。一方、日本語では「は」

「を」「が」などの助詞が意味を肉づけしているので、どんな順番で言葉を並べても、きちんと内容が伝わります。この助詞の存在のおかげで、日本語はまるでブロックのように自由自在に文章を構成できるのです。

考えてみよう

主語を省略しても通じる日本語の会話が、異文化の人にはどのような誤解を与える可能性があると思いますか?

大学でエジプトからの留学生を指導していたとき、アラビア語についての質問をしてみました。「アラビア語では語順はどうなっているの?」と尋ねると、「動詞が最初にくる」との答えが返ってきました。「読んだ、本、彼」というように動詞を最初に置くことで、行動や出来事を重視する文化的な特徴が表れているのだと知り、非常に興味深く感じました。

また、その留学生の話では、日本語からアラビア語への通訳はとても難しいとのことです。日本語の「私は昨日友だちと映画を見ました」という簡単な文章でも、アラビア語に訳そうとすると「見ました」が最後に来る日本語の特徴のせいで、最後まで話を聞かないと通訳ができないのだそうです。

オノマトペ（擬音語・擬態語）

日本語には、日常生活の中でさまざまな感情や状況を生き生きと表現するための「**オノマトペ（擬音語・擬態語）**」がたくさんあります。もとはフランス語のonomatopéeであり、まるで絵の具を混ぜて色をつくり出すように、これらの音や言葉を使うことで、感覚的に豊かな表現ができるのです。

例えば、犬の鳴き声はフランス語では"ouaf ouaf"（ワフワフ）と表現され、日本語の「ワンワン」に相当します。また、物が地面に当たる音を"boum"（ブーム）と表すこともあります。日本ではオノマトペは感覚を鋭く捉えるための言葉として、他の言語と比べて驚くほど幅広く使われます。面白い例として、「ドキドキ」を考えてみましょう。

この言葉は、心臓が高鳴っている様子を音で表現しています。初めてのデートの待ち合わせで、「胸がドキドキする」などと表現します。またスリリングな映画を観たときも「ドキドキ」を使います。「ドキドキ」は単なる心臓の動きだけでなく、その瞬間の緊張感や期待感、ときには不安までを一言で伝えてしまう力を持っています。

英語にはそのようなオノマトペはなく、"My heart is racing."（胸が高鳴る）や"I'm nervous."（緊張している）などと表現しますが、そこには具体的な「音」のニュアンスは含

■オノマトペの種類

擬音語 （物音を表現）	擬態語 （様子を音で表現）
 ニャーニャー	 キラキラ

まれていません。日本語ではオノマトペを使うことで、その場の感情が鮮やかに浮かび上がってくるのです。

私のゼミ生でシリアからの留学生が日本のサッカー漫画をアラビア語に翻訳したときのエピソードがあります。彼にとって特に苦労したのが、サッカーの試合中に使われる「ドーン」や「ビシュッ」などのオノマトペの翻訳でした。アラビア語には同様の表現がないため、ニュアンスを伝えるために形容詞や動詞を用いたとのことです。

他にも原作の漫画にお酒を飲む場面があったため、イスラム文化に配慮した内容に変更したそうです。こうした工夫により、シリアの留学生は文化の違いを尊重しつつ、初のアラビア語翻訳版を完成させ、作品の魅力を伝えることに成功しました。

「にわにわにわとりがにわ」——音の多様性と文脈依存性

「にわにわにわとりがにわ」というフレーズは、日本語の言葉遊びの中でも特にユニークで、音と意味の多様性を感じさせる一例です。「庭に二羽、鶏（にわとり）がいる」という意味ですが、同じ音が繰り返されながらも、異なる意味の単語が組み合わされているところが特徴です。実はこの文には800通り以上もの意味の取り方があるとのことです。

日本語は、同音異義語が非常に多い言語です。「にわ」という音だけでも、以下のような異なる意味を持つ単語に対応します。

「庭」（にわ）＝ガーデン
「二羽」（にわ）＝鳥などの数え方で2羽
「鶏」（にわとり）＝チキン、鶏

このフレーズでは、3つの異なる「にわ」が1つの文章に登場しますが、それぞれが異なる意味を持っています。日本語では、このような同音異義語は文脈や助詞（ここでは「に」や「が」）に頼って理解されます。しかし、こうした文脈依存性が、日本語を学ぶ上での難しさとなっています。

外国語話者は、単語の音だけでなく、文全体の意味を常に考えなければならず、さらに助詞の使い方にも慣れなければなりません。

ビジネスの現場でも、このような言語の特徴はしばしば課題になります。外国人社員のマイクさんがミーティングで上司の佐藤さんから「資料はもうある？」と聞かれたとします。この「ある」という言葉は、資料が「手元に存在しているか」と「準備が完了しているか」の両方の意味を持つため、マイクさんは「まだ準備はできていません」と答えてしまいました。実は佐藤さんが確認したかったのは、資料が手元にあるか（またはないか）ということでした。このような曖昧さが、外国人社員に日本語を難しく感じさせるのです。

敬語の使い分け

さらに日本語の「**敬語**」の使い分けは、異文化コミュニケーションにおいて大きな壁となることがあります。敬語には主に「尊敬語」「謙譲語」「丁寧語」の3つがあり、尊敬語は相手を立てる言葉、謙譲語は自分を下げる言葉、丁寧語は相手との距離感を保つ言葉です。

敬語は、日本社会や人間関係を表現するための重要な言語体系です。特に他者への敬意を示すために使われ、その使用には高度な言語運用力が求められます。そのため、敬語は外国人にとって学習が難しいのです。日本国内においても、敬語を正しく使えないという話題は、しばしば盛り上がることがあります。

敬語は単に礼儀を表すためのツールではなく、相手との関係性やその場の状況に応じて言葉を微妙に変える必要があるため、日本人でさえも苦労することがあります。

同じ意味でも次のように表現が変わります。

例1「食べる」（基本形）
例2「召し上がる」（尊敬語）
例3「いただく」（謙譲語）
例4「食べます」（丁寧語）

職場での会話を考えてみましょう。ある日、外国人社員のジョンさんが上司の鈴木部長とランチに行くことになりました。日本語が上達してきたジョンさんは敬語を使ってみようと思いました。

部長「ジョンさん、お昼何にしましょうか？」
ジョン「あ、鈴木部長は、何をお食べになりますか？」

部長（微笑みながら）「僕は普通にカレーにしようかな」
ジョン「カレー、いいですね！　じゃあ、カレーを召し上がられますか？」
部長（笑いながら）「ジョンさん、そこまで丁寧じゃなくて大丈夫ですよ！」

ジョンさんは敬語の使いすぎが逆に距離感を生んでしまうことを学び、ランチ後、「敬語は大切だけど、ときにはフランクに」という教訓を得ました。

外国人の日本語学習者が苦労するのは、こうした敬語を使い分けるだけでなく、それが相手にどう受け取られるかを意識しなければならない点です。丁寧すぎると「距離を感じる」などの誤解を生むこともあり、適切なバランスを取ることが難しいのです。

日本人でさえ、敬語の使い方に戸惑うことがあるため、異文化間のコミュニケーションでは一層の注意が必要です。ちなみに、先の「召し上がられますか？」は二重敬語で、「召し上がりますか？」が正解です。

8 ユーモアやジョークの適切な活用法

Cross-cultural understanding

ユーモアやジョークは、文化背景や文脈に大きく依存するコミュニケーション手段です。適切に使うことで相手との距離を縮め、信頼関係を築く大きな力となります。文化や言語の違いを超えたユーモアは、異文化理解の促進に重要な役割を果たします。

ユーモアの例

世界にはさまざまなユーモアやジョークがあり、それぞれの文化背景に基づいた面白さがあります。ここでは、世界のさまざまな地域から、スタイルが異なるユーモアやジョークをいくつか紹介しましょう。それぞれの文化背景に基づいた面白さがあるため、楽しんでいただければと思います。

●アメリカのジョーク
↓ウィットや皮肉を交えたものが多くある

妻「どうしてあなた、ずっとテレビを見てるの？」
夫「大切な教育番組を見ているんだよ」
妻「スポーツ番組は教育番組じゃないでしょ！」
夫「でも、どうやって応援するかを学べるんだ！」

●中東のジョーク
↓賢さや機知を重視したジョークがよく使われる

男1「砂漠の真ん中であなたが水を持っていたらどうする？」
男2「すぐに売るよ！」
男1「でも、そこには誰もいないよ？」
男2「だからこそ、売り値を高くするのさ！」

イギリス人がスピーチの冒頭で使うジョークは、皮肉を含んで場を和ませるものが多いです。国際学会でゲストスピーカーのイギリス人研究者が次のように言いました。

「皆さん、今日ここに立っている私の姿を見て、きっとこう思っているでしょう。『彼は一体、いつになったら話を終わらせるんだろう』と。どうかご安心ください。私も同じことを考えています！」

国ごとのユーモアは、文化の違いを知る手がかりになり、親しみが感じられるポイントです。

実践してみよう

異文化間で「安全に」ジョークを言うために、どのような配慮が必要だと思いますか？

異文化間のジョークは、相手との信頼関係を築くチャンスである一方、慎重さが求められるスキルでもあります。次のポイントを意識してみてください。

●文化背景を尊重する

相手の文化や価値観を理解した上で、特定の宗教、政治、性別、人種などデリケートなトピックを避けることが重要です。一部の文化では、軽いジョークが礼儀を欠くと見なされる場合もあります。まずは、相手が笑って受け入れやすい話題（天気や日常のユーモアなど）を選ぶとよいでしょう。

●簡単で共通の話題を選ぶ

複雑な言葉遊びや特有のニュアンスを含むジョークは、異文化間では誤解を招く可能性があります。誰にでも理解しやすく、共感を得やすい話題（仕事の「あるある」や自分のちょっとした失敗談など）を使うことで、安心して笑える雰囲気をつくることができます。

●相手の反応を観察する

ジョークを言った後、聞き手の反応をしっかり観察し、不快感や困惑が見られた場合はすぐに話題を切り替える柔軟さも必要です。また、あえて「これは冗談です」と前置きをすることで、相手に余裕を持って受け止めてもらうやり方も効果的です。ジョークが場を和ませる道具であることを忘れず、相手の快適さを最優先に考えることが大切です。

国によってユーモアのポイントは異なる

最近では、グローバルビジネスにおいてユーモアがどのように使われ、文化的な違いが成功や失敗にどのような影響を与えるかが注目されています。

ある研究では、日米のビジネスパーソンを対象にしたユーモアの使用頻度やその効果を比較しています。それによると、日本のビジネスパーソンは「安全なユーモア」、つまり相手に対してリスクが少ないユーモアを好む傾向が強く、上下関係を重視する文化背景が影響しているとされます。対照的に、アメリカではユーモアがリーダーシップの一環として捉えられることもあり、上司や同僚との間でジョークを飛ばすことが日常的です。

オーストラリアのユーモア文化に"Chill"があります。Chillは、リラックスや落ち着きを意味し、オーストラリア人にとって「リラックスすること」は、仕事に対するアプローチの基本的な態度です。それがユーモアにも強く反映されています。

オーストラリアの職場風景で、金曜日の午後、もう少しで週末というタイミングを想定してみましょう。上司が部下のデスクに近づき、にこやかにこう言います。

上司「おい、今日は金曜日だし、少しぐらい手を抜いても見逃してやるよ。ただし、来週その分全力でいくからな！」

部下（笑いながら）「もちろんです、ボス。でも、今日もちゃんとやってますよ！」

部下が上司にこう冗談で返します。このやり取りは単なる冗談ではなく、オーストラリア人特有の「適度なリラックス感」を持ちながらも、しっかりと仕事への期待を伝える方法なのです。オーストラリアでは、仕事と遊びのバランスを保つことが重要視され、過剰なストレスを感じさせない環境づくりが求められます。

日本では、日常生活の中でユーモアやジョークを積極的に使うことが他の国に比べて少ないといわれます。相手の感情やその場の空気を重視し、慎重に発言することが求められるため、軽いジョークであっても敬遠されるのです。

異文化理解で場に応じたユーモアが適切を使うことができれば、コミュニケーションを円滑にし、関係性を深めることができるでしょう。適度なユーモアやジョークは、雰囲気を和ませたり、緊張を解いたり、対話を楽しいものにします。

もちろん、ユーモアやジョークが誤解を招いたり、相手に不快感を与える可能性があるので、注意が必要です。先述したように、特に人種、性別、宗教、政治といった繊細な話題に関するジョークは、度を越えると深刻な問題につながるリスクがあります。

本章のまとめ

・日本語の特殊性の理解が異文化コミュニケーションにおける重要な一歩
・オープンクエスチョンとクローズドクエスチョン、さらに5W1Hを適度に使い分けた質問の展開を心がける
・依頼、断り、褒める、叱る場面では相手のフェイスを守りつつ、円滑な対話の進行を
・文書理解の責任は日本では「読み手」、欧米諸国では「書き手」にあるとされやすい
・主語の省略、オノマトペの多用、敬語の使い分けは他の言語に見られにくいという日本語の特徴をふまえる
・ユーモアやジョークを適切に使用すれば、相手との距離の短縮および場の雰囲気づくりにつながる

第 4 章

Cross-cultural understanding

非言語コミュニケーションによる異文化理解

私たちは、言葉を通じて多くの情報をやり取りしていますが、実際にはそれだけでは不十分です。言葉を補完し、ときにはそれ以上の影響力を持つのが非言語的な要素です。例えば、相手の表情や声のトーン、動作などは、言葉だけでは伝わらない感情や意図を感じ取る手がかりになります。また、これらの非言語的な要素は文化や社会背景に深く根ざしており、人々のコミュニケーションのあり方に大きな影響を与えています。

この文化や社会背景を理解することが、非言語コミュニケーションを学ぶ上で重要な第一歩となります。本章では、非言語コミュニケーションとは何かから始まり、その具体的な側面や異文化間での影響について探っていきます。

非言語コミュニケーションの種類

Cross-cultural understanding

非言語コミュニケーション（Non-verbal Communication＝NVC）は、言葉を介さないコミュニケーションを指します。異文化間の非言語コミュニケーションの違いを理解することで、相手の言葉の背後に隠れた意図や感情を読み取る力ことができるでしょう。

主な非言語コミュニケーションには、主に以下のようなものが挙げられます。

- **キネシクス**（Kinesics）：ジェスチャー、身振り手振り、表情、身体の動き
- **プロクセミクス**（Proxemics）：空間の使い方、身体の距離
- **クロネミクス**（Chronemics）：時間の扱い方、待たされる時間の長さ
- **ハプティクス**（Haptics）：触れること、握手やハグ
- **パラランゲージ**（Paralanguage）：声のトーン、イントネーション、話すスピード、沈黙
- **外見や服装**（Appearance & Artifacts）：服装、アクセサリーなど外見的要素

■非言語コミュニケーションの種類

カテゴリ	説明の種類	具体例
キネシクス (Kinesics)	ジェスチャー、身振り手振り、表情、身体の動きなど、体全体を使ったコミュニケーション方法。	手を振る挨拶、驚きを示す表情、腕組みで防御的な態度を示す、積極的に前のめりになる姿勢。
プロクセミクス (Proxemics)	空間の使い方や身体の距離を通じて親密度や関係性を表現する方法。距離感は文化や個人によって異なる。	日本では親しい関係でも一定の距離を保つ傾向があるが、ラテン系文化では近距離での会話が一般的。
クロネミクス (Chronemics)	時間の扱い方や、待たされる時間の長さに対する認識。文化によって時間に対する感覚が異なる。	日本では時間厳守が重要視されるが、一部の国では柔軟な時間感覚が一般的（例：中東や南米）。
ハプティクス (Haptics)	触れることを通じて感情や意図を伝える方法。触れる行為の意味は文化や関係性によって異なる。	握手、ハグ、肩を叩く励ましの動作。日本では他人に触れることを控える傾向があるが、西洋では挨拶としてのハグが一般的。
パラランゲージ (Paralanguage)	声のトーン、イントネーション、話すスピード、沈黙など、言葉そのもの以外の音声的特徴を通じて感情や意図を伝える方法。	興奮時に声を高くする、落ち着いた声で安心感を与える、沈黙で同意や考慮を示す。
外見・服装 (Appearance & Artifacts)	服装やアクセサリーなど外見的な要素を通じてメッセージを伝える方法。個性や社会的地位を示す要素ともなる。	スーツを着ることでフォーマルさを示す。制服が役割や所属を表す。日本ではTPOに応じた服装が求められることが多い。
視線 (Oculesics)	アイコンタクトを通じて感情や意図を伝える方法。視線の使い方や目を見て話す長さは文化や状況によって異なる。	アメリカでは目を見て話すことが礼儀とされる一方、日本では長時間の視線は失礼とされることがある。

・**視線**（Oculesics）：アイコンタクトの使い方

これらの非言語コミュニケーションの要素は、国によって異なるだけでなく、状況や人間関係によっても意味が大きく変わってきます。文化ごとの違いを理解し尊重することが、効果的な異文化コミュニケーションにつながります。

この章では非言語コミュニケーションの各要素について、それぞれをくわしく見ていきます。

キネシクス

キネシクス（Kinesics）とは、身体の動きを通じてメッセージを伝えるコミュニケーション手段のことです。ジェスチャーや身振り手振り、表情、姿勢が含まれます。文化によって意味が異なることが多いため、誤解を招きやすい要素です。

Cross-cultural understanding

ジェスチャーの種類①

ジェスチャーは、主に以下のような種類に分けられます。

●エンブレム（Emblems）

特定の意味や言葉を直接表すジェスチャーです。言語に置き換えることができ、一般的に文化によって異なります。

・**ピースサイン**：多くの国では「平和」や「勝利」を意味します。ただし逆さピースサイン（手の甲を外側に向けたVサイン）は、イギリスやオーストラリアなどでは、非常に侮辱的なジェスチャーです。ピースサインと見た目は似ていますが、歴史的には、相手に対する蔑視を意味します。

・**OKサイン**：日本やアメリカや、多くの西洋諸国では、OKサインは「よい」「問題ない」というポジティブな意味を持ちます。一方、ブラジルでは侮辱的な意味を持つことがあり、相手に対して無礼を表すジェスチャーとして認識されることがあります。国際的な場面で使用する際には注意が必要です。

手のひらを下に向け斜め上に腕を突き出す行為は、ナチス式敬礼（ヒトラー敬礼）として知られ、歴史的に非常に強い意味を持つジェスチャーです。この行為は、第二次世界大戦中にナチス・ドイツの支持を表すために使用されました。現在では、多くの国でタブーとされており、使用するだけで違法行為と見なされる場合もあります。

過去には、サッカー選手がゴールを祝う際に無意識にこのジェスチャーに似た動作をし、故意にナチス式敬礼を行ったと見なされて問題となりました。こうした行為は国際的に非難され、選手やクラブに対して罰金や試合出場停止といった処罰が下されることもあります。

考えてみよう

「腕を組む」というジェスチャーは文化によってどのように伝わり方が変わるでしょうか?

腕を組む動作も、キネシクスに含まれます。腕を組む動作が伝える意味には次のようなものがあります。

- **防御的または閉鎖的態度**：リラックスしていない、警戒心がある、他者を寄せつけたくないという心理状態を表すケースが多く見られます。
- **集中や考え込み**：思考に没頭している際や、重要な意思決定をしている場面でも見られます。
- **自信や自己主張**：堂々とした態度を示すためにわざと腕を組むこともあります。

日本では、腕を組むことは真剣に考えている様子と捉えることが多いですが、外国では「閉ざされた態度」と見なされることもあります。アメリカなどではリラックスしている様子を示すために、腕を開くよう推奨されるくらいです。

このように、腕を組むというごく普通の動作も解釈が文化や状況に依存するため、コミュニケーションにおける背景を考慮することが重要です。

ジェスチャーの種類②

ジェスチャーには、他にもさまざまなものがあります。

●イラストレーター（Illustrators）

言葉を補完したり、強調するために使われるジェスチャーです。言葉と連携して意味を伝えます。手を大きく広げて「大きい」ことを説明する、「こっちにおいで」と手招きする、「3つあります」と言いながら指で「3」を表すなどがあります。

日本では、人を呼び寄せるときに手のひらを下に向けて、指を手前に曲げて招くジェスチャーが一般的です。ところが、このジェスチャーは、一部の国々では犬や動物を呼ぶ動作として捉えられ、人に対して行うのは非常に無礼だとされます。アメリカやヨーロッパでは、人を呼ぶ際は手のひらを上に向け、指を手前に曲げるのが一般的です。

●アダプター（Adaptors）

自分の緊張や感情を調整するための無意識に行うジェスチャーです。「髪を触る」「指をいじる」「貧乏ゆすりをする」などがあります。これらはコミュニケーションを直接補助するわけではなく、自己調整のための動作です。

日本では、貧乏ゆすりは一般的に不作法とされ、公共の場や職場では避けるべき行為とされます。貧乏ゆすりをしている人は「落ち着きがない」「無礼」「退屈している」と見なされることが多く、ビジネスシーンでは特に注意が必要です。

一方、アメリカやヨーロッパでは、貧乏ゆすりは必ずしも悪い印象を持たれません。緊張や集中している状態で、無意識に貧乏ゆすりをすることは一般的なものとされています

●レギュレーター（Regulators）

会話の流れを調整するジェスチャーです。発話の始まりや終わり、話者の交代を示すのに使われます。「意見を言う際に手を軽く上げる」「手のひらを見せる動作で相手の発話を止める」「相槌（あいづち）を打つことで話の進行を促す」などがあります。

相槌は、日本では相手が話している間に短く打つことで、会話に対する関心や理解を示します。日本では重要なコミュニケーション手段で自然で礼儀正しい行為とされますが、外国ではネガティブに受け取られることもあります。

欧米諸国では、話の途中で頻繁に相槌を打つことは、「相手の話をさえぎる」もしくは「話を急かしている」と解釈される場合があります。特にアメリカやイギリスではあまり口を挟まずに最後まで相手の話をしっかりと聞くのが基本的なマナーです。電話対応のときも同様のことが言えます。

●アフェクティブ・ディスプレイ（Affective Displays）

感情を表すためのジェスチャーで、感情表現を補助します。顔の表情や身体の動きによって感情を視覚的に伝えます。「喜んだときにガッツポーズをする」「驚いたときに手を顔にあてる」「目を細めたり、口を固く閉じることで怒りや不満を示す」などがあります。

日本人女性が笑うときに口を手で覆う行為は、日本文化に根づく特有のジェスチャーで、礼儀正しさや控えめさを示すものとして受け入れられています。しかし、他の文化ではあまり見られず、異文化理解の一環として興味深いテーマです。

あるアメリカ人男性が、日本に旅行に来た際、飲み会で日本人女性が笑うたびに口を手で隠す姿を見て、「みんな何か隠しているのか?」と言いました。アメリカでは、笑顔を大きく見せることが「楽しさ」を示すとされるため、口を隠して笑うことは「何か秘密がある」と解釈されたわけです。

●バトン（Batons）

話の強調点を示すためのジェスチャーです。話している内容をリズミカルに強調するために、手や腕を動かします。重要な言葉を言う際に指を指す動作などがこれに該当します。

・**手を振り下ろす動作**：「これが一番重要です！」と言いながら、手を強く振り下ろしてポイントを強調する。

・**指を指す動作**：「この部分に注目してください」と言いながら、指を前に出して強調する。

多くの国では、首を横に振るジェスチャーは「ノー」を意味しますが、インドでは「イエス」または「同意」を示す場合があります。首を軽く左右に揺らすことで同意や肯定を示すケースがよくあるためです。外国人にとって最初は混乱を招くかもしれませんが、インド文化では非常に一般的です。

表情と姿勢

表情は、感情や意図を視覚的に伝える重要な要素です。人は喜び、怒り、悲しみ、恐怖、驚き、嫌悪など、さまざまな感情を顔の動きで表現します。表情が相手にどのように受け取られるかは、コミュニケーションの質に大きく影響します。

日本人の表情は、文化背景や習慣に大きく影響されています。日本では、感情（喜怒哀楽）を控えめに表すことが多く、その結果として、他の国の人からは「表情が乏しい」あるいは「ミステリアス」と見られることがあります。

異文化間でのコミュニケーションでは、言葉に感情を合わせて話すことが重要です。特に、他の文化では感情の表現がコミュニケーションの一環として期待される場合があることを覚えておいてください。

私はよく講義などで学生たちに「なぜハローキティには口が描かれていないのか？」という質問をします。

ハローキティは口を描かないことで感情の固定をせず、見る人の心の状態に合わせてその表情を自由に感じることができるといわれています。見る人が楽しい気分のときはハローキティが微笑んでいるように見え、また、悲しい気分のときには泣いて見えます。すなわちハローキティの表情は「いつもあなたの友だちよ」というメッセージを発していて、私たちが共感できる存在として感じられるのです。

一方でオランダで生まれたミッフィーには、小さな「×」の形の口が描かれています。オランダはローコンテキストの国とされており、言葉で率直にはっきりとコミュニケーションを取る傾向があります。そのため、ミッフィーは悲しいときや嬉しいときに顔の表情でそれらを伝えられるように、口が描かれているのです。

姿勢も文化的な意味を持ちます。ビジネスシーンにおいて、まっすぐに立っていることは自信や尊重を示します。逆に、猫背や腕を組む姿勢は防御的な態度と受け取られることがあります。

ロシアの男性は、ビジネスシーンや公の場において、姿勢をまっすぐに保ちながらあまり微笑まないことが多く、これが「不愛想」と映ることがあります。ロシアでは、無意味な微笑みは誠実さに欠けると見なされるため、感情表現が控えめなのです。

テレビで見るプーチン大統領も、重要な場面ではほとんど笑顔を見せません。これが「冷静さ」や「強さ」を示すとされる一方、外国人には不愛想に見えるのです。ロシアでは、笑顔は「信頼の証」として、限られた場面で使われます。

3 プロクセミクス

プロクセミクス（proxemics）は、空間の使い方や人との距離感を指します。どのくらいの距離を保つかは、個々の関係性だけでなく文化背景によって異なります。

対人距離は文化によって異なる

アメリカの文化人類学者であり、異文化コミュニケーションの分野においても非常に著名なエドワード・Ｔ・ホールが提唱したのが「**プロクセミクス理論**」です。この理論では、人々が互いにどれだけ近くにいるかによってコミュニケーションのスタイルや感情の表れ方が異なるとされています。**対人距離**（**身体的距離**）は、社会的な関係や文化に大きく依存します。ホールは以下の４つの距離を提案しました。

・**密接距離**（Intimate Distance）：０～45㎝。家族、恋人、親しい友人間で使われる距離

■相手との関係と対人距離

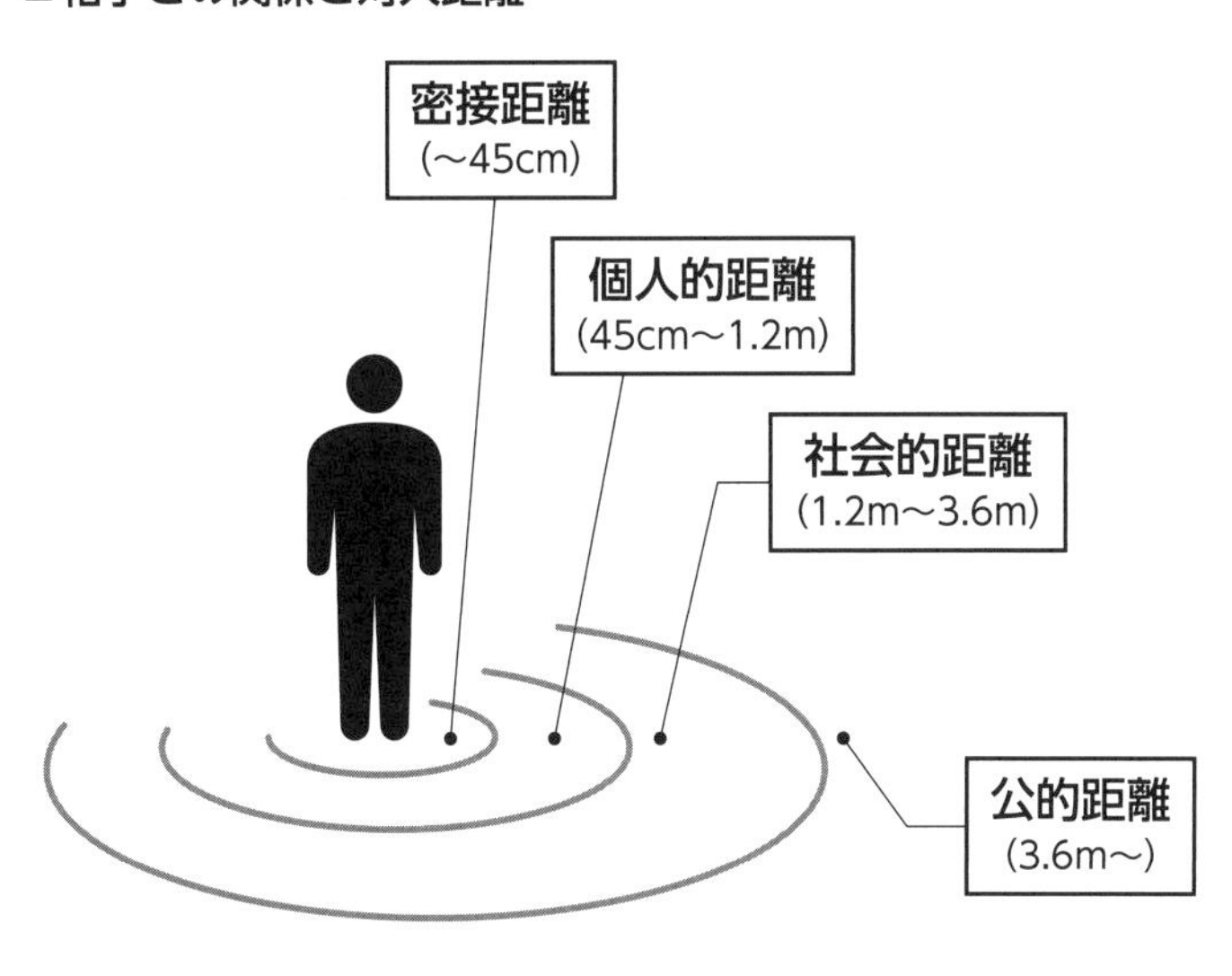

・**個人的距離**（Personal Distance）：45㎝～1・2m。親しい友人や知人同士の距離で、日常会話の範囲

・**社会的距離**（Social Distance）：1・2m～3・6m。ビジネスミーティングや職場でのやり取りに使われる距離

・**公的距離**（Public Distance）：3・6m以上～。公演やスピーチの際に話し手と聞き手の間に保たれる距離

対人距離は異文化理解の重要なテーマの1つです。すなわち、文化により人々が他者との距離をどの程度保つかは大きく異なります。特に日本では、親しい関係であっても他者との距離を保つ傾向が強く、他国と比べて対人距離が遠いとされます。

考えてみよう

異文化交流の中で、相手が自分に近すぎる、または遠すぎると感じたことはありますか？　そのときの状況や、どのように対応したかを教えてください。

私がアメリカに留学したとき、現地の友人が予想以上に近くに立って話すことに驚きました。アメリカでは、友人同士では身体的な距離を詰めることが普通です。しかし、日本人の私にとってこの距離は「近すぎる」と感じられ、最初は無意識に少し後退してしまうことがありました。逆に、アメリカ人にとっては日本人である私が距離を取りがちなことで「自分は嫌われているのでは？」と心配させてしまうこともあったようです。

また、日本では対人距離が一般的に遠いにもかかわらず、満員電車のような混雑した空間を受け入れる文化があり、外国人から不思議に思われています。

フランス人留学生が授業で発言したのですが、日本の満員電車は、外国人から見ると不思議な光景に映るそうです。普段は他人との距離を大切にする日本人が、狭い空間で無言で押し合っているにもかかわらず、誰一人不快な表情を見せず、静かに耐えている姿に「まるでみんなが瞑想しているかのよう」と驚いていました。そして、あらためて日本の「忍耐と協調」の精神文化を実感したとのことです。

空間認識の違い

対人距離と同様に、人々の**空間認識**は、建築、都市計画、家庭や公共施設の使い方など、広範な分野に影響を与えます。空間認識の違いは、歴史的、文化的、宗教的背景や気候など、さまざまな要因によって形成されています。

例えば、国によって、家庭やオフィス内での家具配置やインテリアデザインに対する考え方が違っています。

日本の住宅では、限られたスペースを効率的に活用することが大切とされ、折りたたみ家具や引き戸、畳など、空間を柔軟に使う工夫が見られます。また、「床の間」という概念があり、これは空間を単なる空白として捉えるのではなく、静けさや調和、余白を尊重する文化的な考え方を表しているとされます。

一方、北欧の国々では、広々とした空間を重視する傾向があります。シンプルで機能的なデザインが好まれ、自然光を多く取り入れる設計が特徴的です。北欧の空間認識は、自然との調和や「ヒュッゲ（Hygge）」（居心地のよさ）を大切にし、部屋の中でも開放感が得られるように工夫されています。

考えてみよう

職場や学校で、空間の配置（机の並び、会議室のレイアウトなど）があなたの作業効率や集中力に影響を与えたことはあるか、考えてみましょう。

国際結婚した友人によると、お互いの空間認識の違いが、夫婦喧嘩の原因となることがあるようです。特に、家具の配置や部屋の使い方に関する認識の違いは、２人の関係に意外な影響を与えることがあるといいます。

私の日本人の友人がアメリカ人の伴侶と新しいアパートに引っ越した際、リビングルームの家具配置で対立しました。アメリカ人伴侶は、ソファをリビングの真ん中に置いて、テレビを正面に置き、家族や友人と一緒にテレビを囲んで過ごす配置が理想的だと考えていました。一方、日本人である友人は、ソファを部屋の片隅に配置し、空間を広く使いたいと言い張ったようです。友人にとって、限られたスペースを有効活用するために、リビングの中央を開け、動線を確保することが大切だったのです。

２人は何度も喧嘩を繰り返しましたが、最終的にはお互いの文化背景を理解し、ソファを部屋の中央に置く日と片隅に置く日を交互に設けるということで妥協したようです。

クロネミクス

クロネミクス（Chronemics）は、時間の扱い方に関する非言語コミュニケーションです。文化によって時間の感覚は異なります。

モノクロニック文化 vs ポリクロニック

例えば、日本やドイツのような「**モノクロニック文化**」では、時間は厳密に管理され、時間通りに行動することが重要です。会議は定刻に始まります。一方、南米や中東の「**ポリクロニック文化**」では、時間は柔軟に扱われ、複数の出来事が同時に進行しても気にされないことが多く、時間に対してリラックスした姿勢を持つことがあります。

待つ時間、待たされる時間もクロネミクスの一部です。日本のビジネスシーンでは時間に正確であることが重視されるため、相手を待たせることは失礼とされます。しかし、フランスやイタリアでは多少の遅れは許容される場合が多いです。

Cross-cultural understanding

ハプティクス

ハプティクス（Haptics）は「触れる」ことによるコミュニケーションです。握手、ハグ、肩に手を置くなどの行為は文化によって大きく意味が異なります。

握手とハグ

ビジネスの場での握手は、相手に対する尊敬や信頼を示す行為です。アメリカでは、しっかりとした握手が好まれますが、日本ではお辞儀が普通、あっても軽く握手する程度です。

しかし、この日本人の握手が外国人にとって「よくない」と見なされることもあります。握る手の力が弱いことや、握手の際に相手の目を見ないで、手のほうを見る習慣があることがその理由です。多くの国では、しっかりとした握手が自信や信頼の表れとされ、相手の目を見ながら行います。

また、西洋の文化ではハグは親しみや感謝の表現として使われますが、日本ではプライベー

Cross-cultural understanding

トな場面以外では控えることが一般的です。

日本人のビジネスパーソンが、国際的な会議でヨーロッパの取引相手と挨拶を交わした際、突然ハグをされ、驚き、戸惑ってしまうことがありました。握手して挨拶することは予想していたものの、突然のハグに反応が追いつかず、体を硬直させてしまったのです。

考えてみよう

あなた自身が体験した、文化の違いによる「触れること」に関するエピソードを教えてください。それはどのような学びや気づきにつながりましたか?

初めて日本に来た外国人が驚くのが、挨拶や会話の冒頭、別れ際、あるいは謝罪の際に行われるお辞儀の頻度の多さです。特にビジネスシーンでは、会議の始まりや終わり、名刺交換の際に、形式的なお辞儀が必要です。お辞儀の角度によって敬意の度合いが変わることを知り、戸惑う外国人はたくさんいます。

日本で生活した後、母国に帰った外国人がついつい無意識にお辞儀をしてしまうという話もよく聞きます。日本でのお辞儀が日常の一部となった結果です。

これは、オーストリア人留学生から聞いた話ですが、日本からオーストラリアに帰国した際、地元のスーパーで店員に「ありがとう」と言いながら軽くお辞儀をしてしまったそうです。店員は驚いた様子でしたが、学生はすぐに「ここは日本じゃないんだった！」と気づき、一緒にいた友人たちと大笑いしました。この留学生は帰国してしばらくしてからも、エレベーターで人とすれ違う際や、車を運転しているときに道を譲ってくれた相手に対して、自然とお辞儀をしてしまうことがあると言ってました。

親しい同性の友だち同士は手をつないで歩く

同性同士が手をつなぐことは、文化によって異なる意味や価値があり、特に親しい友人同士で行われることが多い行為です。

日本では、幼少期を除くと、親しい友人であっても、同性同士が手をつなぐことは一般的ではありません。他人との身体的接触は控えるのが普通で、親しい間柄であっても手をつなぐことは少なく、会話や他の方法で親しさを示す傾向があります。

一方で中国や韓国、中東、一部のアフリカ諸国では、同性同士が手をつなぐことは友情の象徴とされ、自然な行為と認識されています。実際、私の勤務先の大学では、女子留学生同士が手をつないで歩いている光景をよく見かけます。

そうした留学生によると、手をつなぐことを拒否されると、友情や信頼への拒絶と感じるということです。

6 パラランゲージ

Cross-cultural understanding

パラランゲージ（Paralanguage）とは、話す内容そのものではなく、声のトーン、イントネーション、ボリュームなど、言語的なメッセージを補完する非言語的な要素を指します。感情や態度を示す重要な要素であり、コミュニケーションの効果に大きく影響を与えます。

日本のアニメやテレビドラマでは、キャラクターの性格や感情を表現するために、声優や俳優がパラランゲージを大いに活用しています。可愛らしいキャラクターはトーンが高く、早口で話す傾向がある一方、強い決意を持つキャラクターは低いトーンでゆっくり話します。このような声の使い方は、視聴者にキャラクターの感情や背景を伝えるための重要な手段となっています。

メラビアンの法則

パラランゲージは、言語学者アルバート・メラビアンの有名な「7‐38‐55ルール（メラビ

■メラビアンの法則

情報の種類	概要	影響度
視覚情報	見た目、しぐさ、表情、視線	55%
聴覚情報	声の質や大きさ、話す速さ、口調	38%
言語情報	言葉そのものの意味、会話の内容	**7%**

アンの法則）」で強調されているように、非常に大きな役割を果たします。この理論によると、感情的なメッセージの伝達において、言葉（話の内容）が占める影響の度合いはわずか7％であり、声のトーンやイントネーション（パラランゲージ）が38％、顔の表情が55％とされます。感情を伝える際には言葉以上に声の質や話し方が重要になるわけです。

日本では、直接的な言葉を避ける傾向が強いため、言葉の背後にある感情を声のトーンや表情を通じて察することが重要です。例えば、「考えておきます」というのは一見前向きな返答ですが、声のトーンが弱く、間が長く続く場合、実際には「断っている」ことを意味する場合があるというのは、皆さんご存じのとおりです。言葉よりも、声のトーンや間の取り方が意思伝達に大きく影響する日本では、メラビアンの法則がさらに強く適用されます。

メラビアンの法則の誤解

なお、メラビアンの法則は「見た目が9割」という意味合いでも、よく使われますが、これは誤解です。「言語より非言語が大事」「内容よりも見た目や第一印象が重要」という解釈は、もとの実験結果を広げすぎたものです。メラビアンの実験は、相手に感情を伝える際に矛盾した情報があった場合、聞き手がどの情報を重視するかを調べたもので、すべてのコミュニケーションに当てはまるわけではありません。

極端な例ですが、「怒りながら褒める」場面を想像してください。上司が部下に「よくやった」と褒め言葉を言う際に、顔が怒っていて声のトーンも厳しい場合、部下はその言葉自体を信じにくくなります。表情や声のトーンがメッセージの大部分を占めるため、言葉だけでは「褒めている」感情が伝わらず、むしろ「怒られている」と解釈されることが多いのです。これが、メラビアンの法則に基づくコミュニケーションの誤解です。

考えてみよう

あなたが誰かと会話をしているとき、言葉よりも相手の声のトーンや表情が印象に残った経験はありますか？　またそれはどのような場面でしたか？

ビジネスや教育の場面では、話し手の声のトーンや非言語的要素（表情、ジェスチャーなど）が、相手に熱意を伝える上で重要になります。また、それらで信頼感を高めることもできます。例えば、プレゼンテーションや授業での発表の際は、明るく力強い声のトーンと自信のある態度を取りましょう。そうすることで、内容をより説得力のあるものにすることができます。また、聴衆と適宜アイコンタクトを取ったり笑顔を見せたりすることで、親しみやすさや真剣さを効果的に伝えることができます。

沈黙と間

「沈黙」や「間」はしばしばメッセージの一部として理解され、個人や文化によって異なる意味を持ちます。

沈黙は単なる「無言」ではなく、社会的文脈や対人関係において意図された戦略的なコミュニケーション手段と理解されています。最新の研究では、職場における沈黙の使用が組織内のパワーダイナミクスやリーダーシップに影響を与えることが示されています。また、沈黙は交渉においても重要なものであり、交渉の間に沈黙を入れることで、相手に圧力をかけたり、思慮深さを示すスキルとして活用されることがあります。

考えてみよう
あなた自身の経験の中で、沈黙や間を使うことでポジティブな結果を得られたエピソードはありますか?

沈黙に関する日本と各国の事例

「言わぬが花」という諺(ことわざ)が示すように、日本では沈黙は美徳として尊重されがちです。特にビジネスや公式の場では、沈黙は「思慮深い」と解釈されることがあります。急いで結論を出すのではなく、相手の意見や状況をじっくりと考える姿勢と捉えられているのです。

そのため、会議や交渉の場では、すぐに発言するのではなく、間を取って熟考することが重んじられます。また、能や茶道などの日本の伝統芸能・文化の中でも「間」としての沈黙が重要な役割を果たします。一方、アメリカやヨーロッパの多くの国では、沈黙は不快感やコミュニケーションの停滞と見なされることが多く、会話が途切れたときにはすぐに話題を提供しようとする傾向があります。

沈黙は「意見がない」と見なされることもあります。大学の授業のディスカッションやビジネスの会議の場面で、他の参加者が活発に意見を述べている中で沈黙していると、意見がなく準備不足であると判断されてしまいます。また、ずっと静かにしていると「別のことを考えているのでは?」と疑われてしまうこともあります。

このような沈黙に対する文化的態度の違いが、異文化間では誤解を招くことがあるのです。

日本を訪れた外国人が会議やビジネスディスカッションで沈黙が続く場面に出くわし、発言

■「沈黙」のメリット・デメリット

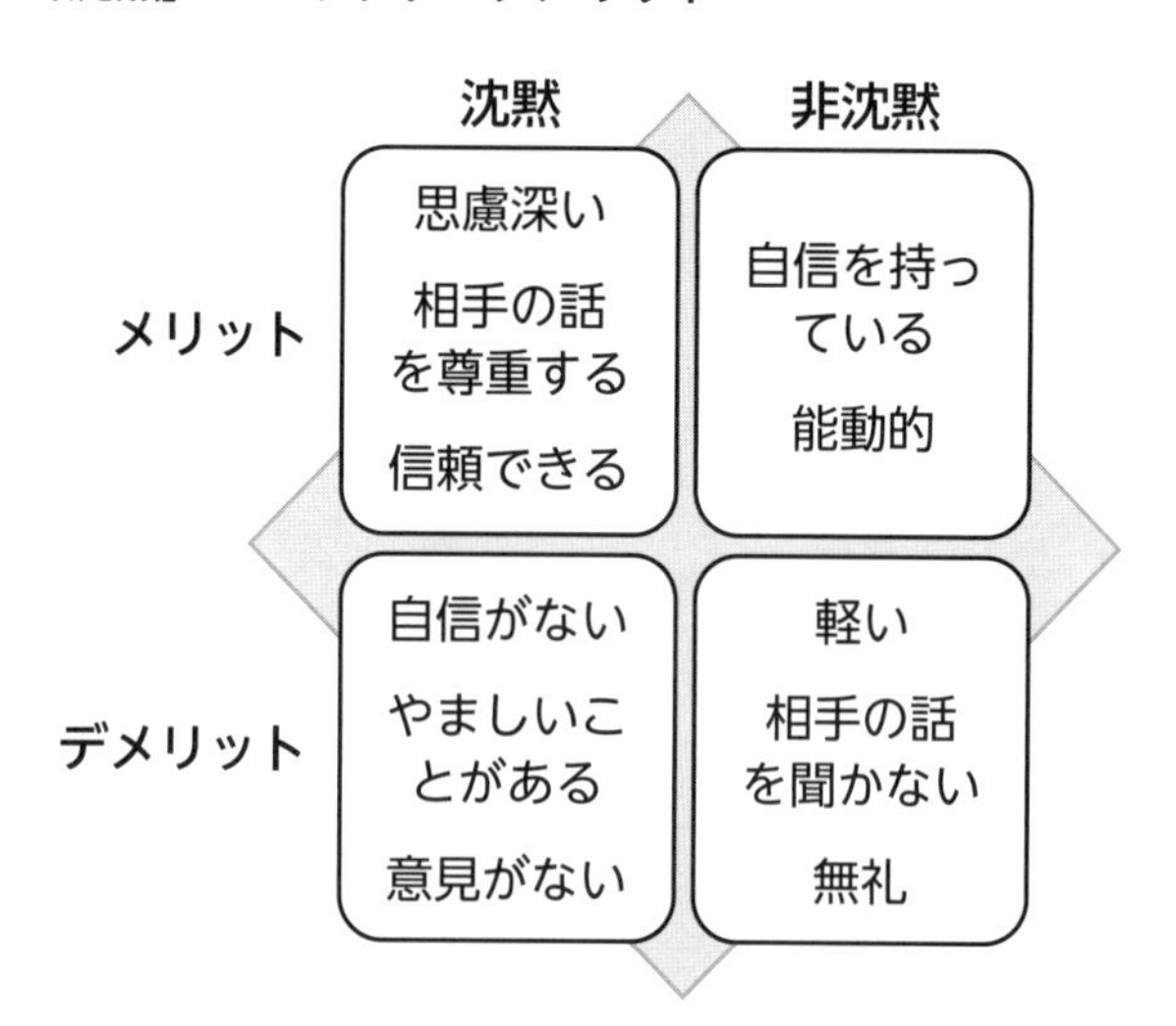

を求められていると感じて話し始めてしまうことがあります。しかし、その沈黙は相手が深く考えている時間であり、発言することで相手の思考を中断してしまっているのかもしれません。逆に、日本人が外国での会議で沈黙を続けると、「準備ができていない」「意見がない」などと誤解されることがあります。

国連に勤める友人から聞いたジョークがあります。国連の議長は会議中「いかにしてインド人を黙らせるか」、反対に「どのようにして日本人に発言させるのか」について、いつも悩んでいるというものです。

会話のテンポの違い

会話のテンポ（Speech Tempo）も、文化ごとに大きく違っています。テンポは話すスピードやリズム、間の取り方、さらには全体的な会話の進行速度に関連しており、地域ごとの文化背景に基づいて異なる特徴を持っています。

アジアの多くの国々では、話のテンポは比較的緩やかで、「間」を取ることが重要な要素となります。日本や中国、韓国などのハイコンテクスト文化においては「間」や「沈黙」がコミュニケーションにおいて重要な意味を持ちます。

一方、アメリカやヨーロッパのローコンテクスト文化では、話のテンポが速く、直接的なコミュニケーションが重視されます。とりわけビジネスやカジュアルな会話においては、素早いレスポンスが求められます。

ラテン系の国々（スペイン、ポルトガル、ラテンアメリカ諸国など）でも、話のテンポは一般的に速く、かつ感情豊かです。会話はエネルギッシュで、感情を表現するためにテンポが速くなる傾向があります。また、話のテンポが速いだけでなく、会話の中で頻繁に相手の発言に

Cross-cultural understanding

■話のテンポは文化で異なる

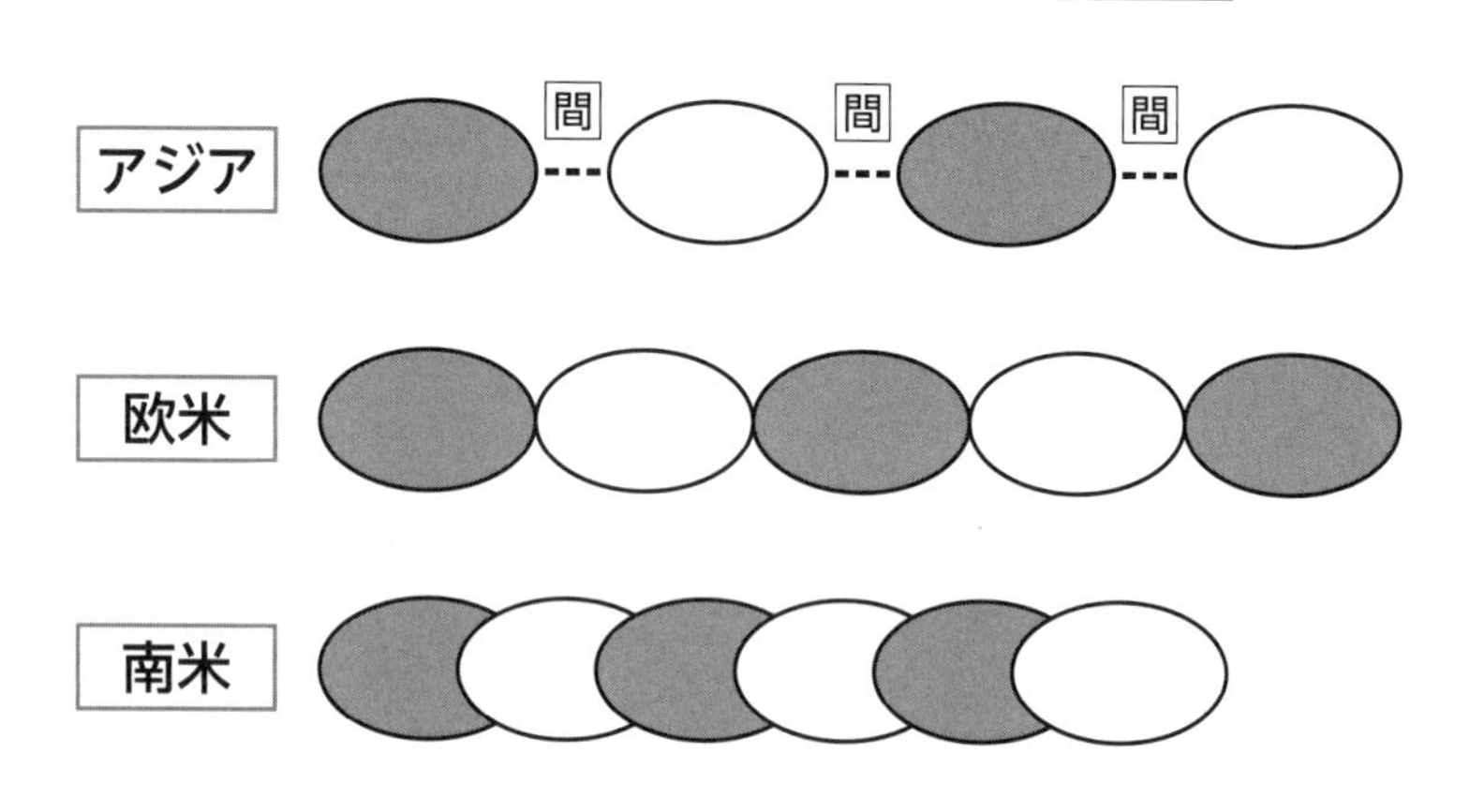

割り込むことが、「この話題に興味がある」とされ、対話が活発に進むと考えられています。

相手の文化的なテンポに合わせるためには、事前にその国の会話スタイルやテンポをリサーチすることが大切です。

速いテンポが好まれる場合は、プレゼンテーションを簡潔にし、ポイントを明確に伝えるよう工夫します。

ゆっくりとしたテンポが好まれる場合は、余裕を持った話し方や沈黙の活用を心がけます。

さらに、会話のペースを適宜確認しながら進めることで、相手が理解しやすいよう調整することが重要です。

日本人の田中さんがラテンアメリカ人の

カルロスさんに、言葉を選びながら「カルロスさん、それについては……」と話し始めた瞬間、カルロスさんがすかさず「それいいね！」と割り込み、次々と自分のアイデアをかぶせてきました。田中さんはカルロスさんの会話の「かぶせ」に困惑し驚かされました。

私は関西の出身です。日本の中でも関西人は会話をかぶせるのが得意なほうだと思っています。カルロスさんの話を最後まで聞かずに「それ知ってる！」「あ、それな！」とテンポよく反応してくる姿は、元気で明るい関西人の会話スタイルと重なります。

外見や服装

外見や服装、アクセサリーなどの視覚的な要素（Appearance & Artifacts）は、相手に対する第一印象を形成し、社会的な地位、個人の性格、感情、文化的なアイデンティティを表現します。

見た目がコミュニケーションに与える影響についての研究は数多く行われています。一般的に、服装やアクセサリーは、相手に対する信頼感やプロフェッショナリズムを伝えるための重要な手段とされています。

色と感情・印象に関する研究と具体例

服装の色が感情や印象に与える影響は、心理学的にも文化的にも興味深いテーマです。色は単に見た目の美しさを左右するだけでなく、私たちの感情や思考、そして他者に与える印象に強い影響を与えます。さらに、色の解釈は文化ごとに異なり、同じ色が文化によって違う意味を持つことがあります。

●赤や黒→強さと権威を象徴

赤は情熱、エネルギー、そして権威を象徴する色です。ビジネスシーンでは、重要なプレゼンテーションや交渉の場面で「自信を持って相手に訴える」ために赤のネクタイをつけることがよくあります。この行為は、「パワータイ」とも呼ばれ、相手に力強さや決意を印象づける手段として使われます。アメリカの政治家やビジネスリーダーが赤のネクタイをよく身につけるのは、リーダーシップや権威を強調するためです。

一方、黒はシンプルでありながら強力な色で、特にビジネスの場では、威厳やプロフェッショナリズムを象徴します。フランスやイタリアのビジネスシーンでは、エレガントな黒のスーツが一般的で、高級なレストランや重要なビジネスディナーにおいては黒いスーツやドレスが好まれます。洗練さとともに、無言の圧力やリーダーシップを示す効果が、黒にはあるからです。

●青や緑→信頼と安定を象徴

青は冷静さ、信頼、そして安定を表します。銀行や保険会社などの金融機関で、ロゴや制服に青を取り入れることが多いのはこのためです。「信頼されたい」「安心感を与えたい」という

■色に関するイメージの国際比較

色	日本	中国	アメリカ・ヨーロッパ	インド	中東
赤	情熱、幸運、祝賀（特に結婚式）	幸運、繁栄、祝賀、祝福	情熱、力、注意（警告）	純粋さ、婚礼、力	危険、勇気、力
白	純粋さ、神聖さ（葬儀では死）	喪、葬儀、悲しみ	純粋さ、無垢、平和（結婚式のドレスなど）	純粋さ、神聖さ	平和、純粋さ、神聖さ
黒	権威、フォーマル、悲しみ（葬儀）	権威、富、神秘的	権威、力、エレガンス（フォーマル）、悲しみ	悲しみ、悪	悲しみ、権威、エレガンス
青	信頼、冷静、安定	静けさ、知恵、永遠	信頼、冷静、安定、責任感	神聖さ、神々の色	保護、信仰
緑	自然、癒し、安定、調和	羞恥（緑の帽子）、自然、繁栄	自然、安定、調和、豊かさ	幸運、繁栄、自然	豊かさ、自然、繁栄
黄	注意（警告）、幸福、活力	高貴さ、富、権威	幸福、楽観、注意（警告）	幸福、神聖、知恵	富、光、幸福
紫	高貴、精神性、神秘	神秘、高貴、精神的な深さ	高貴、王室、贅沢	精神性、高貴、宗教的象徴	高貴、権威、精神性

メッセージを送るため、重要なビジネス交渉や顧客対応の場面での服装にも青はよく使われます。企業の営業担当が青いスーツを着ることで、顧客に「信頼できる」「誠実である」といった印象を与えることができるのです。

一方、緑は自然や癒しを連想させる色で、リラックス感や調和を表すため、クリエイティブな職場やストレスの多い環境でよく使用されます。デザイナーやアーティストが集まる会議に、緑の服装を選んで参加すれば、クリエイティブなアイデアが生まれやすい環境をつくり出すことができるとされています。また、カフェやリラクゼーションスペースで働くスタッフが緑のエプロンを着用することが多いのも、顧客に安心感やリラックス効果を与えるためだといわれています。

文化によって違う色の意味

欧米諸国では、ビジネスの場でも色彩の選択に自由があり、個性やスタイルが尊重されます。イタリアではファッションセンスが重要視され、色の組み合わせやアクセサリーにもこだわりが見られます。ビジネスシーンでも、鮮やかな色のスカーフやタイを身につけることで、自己表現を行うことが一般的です。アメリカのスタートアップ企業では、カジュアルな服装が許容されるため、個々の社員が自分の好みの色を取り入れた服装を選ぶことが多く、職場内でもカラフルな雰囲気が漂っています。

「中国で緑の帽子はNG」という話は、文化的にユニークなエピソードとして知られています。中国では、男性が緑の帽子をかぶることは「妻（恋人）に浮気されている夫（恋人）」を示すという意味を持つのです。

あるアメリカ人ビジネスパーソンが中国に出張した際、緑色のキャップをかぶって街を歩いていました。彼は普段から緑が好きで、特にその帽子はお気に入りだったため、会議前にそれをかぶって取引先に向かいました。道中、彼は多くの人に変な視線を向けられたり、クスクス笑われたりしたことに気づきました。当初、そのアメリカ人は理由が全くわからなかったといます。帽子の色ですらも、文化的な意味合いを持ってしまうことがあるのです。

視線

Cross-cultural understanding

視線（Oculesics）は、アイコンタクトをはじめ、ウインクや目の動きとその高低、目を合わせる時間など、さまざまな形で感情や意図を伝える手段として使われます。これらは文化によっても異なり、適切な使い方や意味を理解することが大切です。

視線が持つ意味は？

外国人（特に西洋人）が会話中に相手の目を見る理由は、信頼、誠実、関心を示すためです。目を見つめることで、「私はあなたの話に集中している」「私は嘘をついていない」というメッセージを送ります。また、アイコンタクトは相手の反応を即座に読み取る手段としても使われます。目を見れば、相手が話に興味を持っているのか、不安を感じているのか、喜んでいるのかを理解しやすくなるからです。

日本では、目上の人や上司、年長者に対して、直接的に目を見ることは失礼とされます。敬意を示すため、視線を少し外すのが一般的で、西洋と違い会話中に目を伏せることは、相手に対する謙虚さや尊敬の気持ちを表現する方法とされます。

中東や一部のアフリカ諸国では、アイコンタクトは非常に強調されます。特に男性同士の会話では、アイコンタクトを保つことは信頼や力を示す方法です。ただし、異性間のアイコンタクトは控えられることが多く、文化的なタブーに触れる可能性があります。

アイコンタクトの長さ

日本人の平均的なアイコンタクトの長さは、他国と比較して短いとされます。日本人は数秒間だけ視線を合わせ、その後は目をそらす傾向があります。これに対し、特にアメリカやヨーロッパの国々では、アイコンタクトの時間がもう少し長く、7~10秒程度持続することが一般的です。

考えてみよう

外国人と会話する際、相手が長時間アイコンタクトしてきた場合、どのように感じますか？ また、その印象はポジティブですか、それともネガティブですか？

異文化理解の講義やセミナーで、私はよく参加者をペアにして「会話中、お互いに相手の目を見続ける」というアクティビティを行います。この活動では、多くの日本人が「つらい」と感じる様子が見られます。講義後の感想でも、「目を見続けると緊張する」「どこまで見ていいのかわからない」といった声をよく耳にします。

一方で、アイコンタクトを自然に取る外国の人々にとっては、逆にアイコンタクトの時間が短いと「苦痛」や「違和感」を感じる場合があります。その理由の1つは、「相手が会話に興味を持っていない」と感じるためです。視線が合わないことで、真剣に話を聞いてもらえていないと誤解するのです。また、「相手が何か別のことを考えているのではないか?」と推測されるというのも、理由として挙がります。実際、話し手の視線が別の方向に向いていると、不安を覚える外国人は多くいます。

このアクティビティを通じて、アイコンタクトの文化的な違いや心理的な影響を参加者に体験してもらいます。そして、日本人にとって「つらい」と感じるアイコンタクトの長さが、外国の人にとっては「安心」や「信頼」の要素であることを理解する。そのことが、異文化理解の大切な一歩となります。

中東地域の商談でのアイコンタクトの事例

ある日本人ビジネスパーソンが、中東地域への出張で、現地の企業と重要な商談を行いました。日本のビジネスの場で、取引先と接する際、過度に目を合わせないことが礼儀とされます。目をそらすことで、相手への敬意や謙虚さを表すことが多いため、このビジネスパーソンも同じように行動するのが適切だと考えました。

商談が始まると、日本人ビジネスパーソンは、自分の発言中や相手が話している間、意図的に目を合わさないようにしました。書類に目を向けたりすることで、自分が礼儀正しく、謙虚であることを示そうとしたのです。

ところが、この行動は中東のパートナーには全く異なる意味に解釈されました。中東の文化では、アイコンタクトは誠実さや自信を示す重要な手段だからです。商談などの場では、相手の目をしっかりと見つめることで、信頼関係を築こうとします。中東のパートナーは、「この日本人は何かを隠している」「本当の意図を伝えようとしていない」と感じ、商談がスムーズに進まなくなりました。

結果として、相手方が日本人ビジネスパーソンの言葉や提案に対して慎重になり、質問や確認事項が増えたり、商談自体が遅延する状況が生じたといいます。

誤解されていると気づいたのは、通訳と現地のアドバイザーでした。彼らが日本人ビジネスパーソンに、中東文化におけるアイコンタクトの重要性を説明し、その後の会話では目を合わせることを意識するようアドバイスをしました。これにより、商談は徐々にペースを取り戻し、最終的には成功裡に終わったのです。

この事例は、非言語的なコミュニケーションが、言葉以上に強力なメッセージを伝えることがあることを再確認させてくれます。

挨拶ひとつとっても日本では控えめなお辞儀が主流です。一方、中東では握手が熱く、ときには頬に軽くキスすることもあります。日本の静かな姿勢と中東のジェスチャー豊かな姿勢、その違いが挨拶にもはっきり出ています。

異なる文化圏でのビジネス活動では、相手の文化背景や価値観を理解し、それに応じたコミュニケーションを心がけることが、成功の鍵となるのです。

贈り物

贈り物（ギフト、プレゼント）は非言語コミュニケーションの一部と見なすことができます。言葉を使わずに感謝や尊敬、愛情、友情、謝罪などの感情やメッセージを伝える手段となります。文化背景や価値観が強く反映され、非言語的な意味を持つ重要な行為です。

贈り物とハイ・ローコンテクストの関係

贈り物のやり取りにも、ハイコンテクスト文化とローコンテクスト文化の違いが反映されています。

日本のようなハイコンテクスト文化では、贈り物に込められた意味が言葉で説明されることは少なく、贈るタイミングや包装、選ばれた品物などが大事なメッセージになります。誰かに贈り物をする時期や、その包み方によって、相手への気遣いや感謝の気持ちを表すのです。

一方で、欧米圏のようなローコンテクスト文化では、贈り物はもっとシンプルに捉えられます。贈る理由や意味を言葉で説明することが多いので、贈り物自体にあまり多くの解釈は必要ありません。

最近の研究では、贈り物の内容や渡し方がどれだけ文化的な要因に影響を受けるかが注目されています。

例えば、中国の文化では、「8（八）」という数字が幸運を象徴するため、「8」に関連する贈り物が喜ばれる傾向があります（88元、888元といった、値段に「8」が含まれているものなど）。また、赤色は繁栄を表すため、包装紙やカードに赤を使うことも好まれます。

このように、文化によって贈り物のやり取りの仕方には大きな違いがあります。

考えてみよう

異文化間で贈り物を渡したり受け取ったりする際に、誤解や戸惑いを感じた経験はありますか？

日本には、お中元やお歳暮といった、季節の贈り物の習慣があります。これは感謝やお礼の気持ちを示すためのもので、私たち日本人は贈り物の中身だけでなく、包装や渡し方にも非常にこだわります。

贈り物を渡す際は、日本では紙袋に入れたまま丁寧に手渡すことが通常です。ここには控えめで慎ましさを大切にする日本の文化が表れています。包装紙やリボンにも細かい注意が払われており、美しく丁寧な包装が贈り物全体の印象を左右する重要な要素となっています。

受け手も、日本ではもらったものをすぐに見ないことが多くあります。一方、アメリカやヨーロッパでは、贈り物を渡されたとき、その場ですぐに開けることが一般的です。これは、贈り主に対して感謝や喜びをリアルタイムで伝えるためです。贈り物を開けた瞬間の表情や反応が重要視され、驚きや喜びを素直に表現することで、贈り主への感謝の気持ちが伝わることが期待されます。

アメリカには、クリスマスの朝に家族全員が一斉にプレゼントを開け、そのリアクションを楽しむという文化もあります。このように、贈り物の渡し方や反応の仕方には、国ごとに大きな違いが見られます。

タブーとされる贈り物

贈り物には、文化や信念が反映され、タブー（送ってはいけない）とされるものも少なくありません。それを知らずに贈り物をすると、思わぬ誤解を生むこともあります。以下、国ごとのタブーを具体的なエピソードとともに紹介します。

●日本のタブー……菊の花

日本では、贈り物に「菊の花」を選ぶのは絶対に避けなければいけません。菊は葬儀で使われる花であり、死を象徴するからです。かつて、外国人留学生が日本人の恋人に愛情の証として菊の花を贈ったところ、相手の表情が一変し、場が一気に静まり返ったことがありました。他にも、入院中の人に鉢植えの植物はNGです。「その場に根を張る」を連想するからです。

●中国のタブー……置時計

中国では、置時計を贈ることがタブーとされています。これは、中国語で「送钟（置時計を贈る）」という言葉の発音が「送終（亡くなった人を見送る）」と同じ音になるため、非常に不吉とされるからです。特に高齢者に置時計を贈ると「寿命が終わる」ことを暗示するため、避けるべきです。

●イタリアのタブー……ハンカチ

イタリアでは、ハンカチを贈ることは不幸を意味するとされることがあります。ハンカチは涙や悲しみを拭くものとされ、贈り物としては縁起が悪いと考えられているからです。イタリア人の結婚式で、招待客が美しいハンカチを贈ったところ、「涙を拭けというのか？」と冗談交じりに指摘された、といった話もあります。ハンカチ自体は実用的なアイテムとして喜ばれることもありますが、贈り物としては注意が必要です。

●ロシアのタブー……偶数の花束

ロシアの文化では、偶数の花は葬儀や弔意を表すため、通常はお葬式や墓参りの際にのみ使われます。誕生日や結婚式などの祝いの場で偶数の花を贈ることは避けなければなりません。反対に、奇数の花は祝福や感謝の象徴として、生きている人に贈られます。

この他にも、タイでは、靴や履物を贈ることがタブーとされています。足は身体の中で最も汚い部分と捉えられており、それを覆う靴は贈り物として不適切とされているのです。

ギリシャでは空の財布や鞄を贈ることは、不幸や貧困を呼ぶと考えられています。そのため財布や鞄を贈る際には、少額でもいいのでお金を中に入れて渡し、富と繁栄を願う意味を込めます。

イスラム圏の国々では宗教的にアルコールと豚肉が禁止されているため、これらが含まれているものを贈ることは極めて不適切とされます。

贈り物の選択には、相手の文化背景や価値観に敏感であることが重要です。各国のタブーを事前にしっかり調査・理解することで、相手に不快感を与えることなく、よりよい関係を築くようにしてください。

世界の食文化と宗教

世界各国の食事のマナーや文化的な慣習を知ることは、コミュニケーションにおいて重要な役割を果たします。それぞれの国の食事に対する態度や行動は、価値観や歴史、宗教と深く結びついているからです。

食事を通じたコミュニケーションは「**儀式的行動**」として捉えられることがあります。食事の際のジェスチャーや沈黙、礼儀作法などは異文化理解において強い意味を持ちます。食事での振る舞いは個人の社会的地位や文化背景を示す重要な指標とされるのです。どのように食べるか、どのような食器を使うかといった非言語的要素が、他者との関係に影響を与えます。

世界で異なる食事のマナー

日本の食事にはいくつかのタブーがあります。箸をご飯に刺して立てる、箸渡し、迷い箸などは避けるべきで、ラーメンやそば以外で大きな音を立てるのも不作法とされます。椀ものの器は手に持つのが基本で、料理を残さず食べることが礼儀とされます。飲み会では自分でお酒を注ぐのではなく、互いに注ぎ合います。肘をついて食べたり、「いただきます」や「ごちそうさま」を言わないのもよくありません。

中国では、長い麺を食べることは長寿を象徴し、麺を切る行為は縁起が悪いとされます。ゲストに大量の食事を提供するのは敬意の表現であり、招かれた人も食べ物を残すことが礼儀とされます。残すことも、満足感を表現する非言語コミュニケーションの一例です。

また、宗教的なタブーは、信者が守るべき規律や価値観を反映しています。以下、各宗教における食事とタブーを紹介します。

キリスト教における食事のタブー

キリスト教は比較的食事に関するタブーが少ない宗教ですが、宗派や地域によって独自の規律があります。

●カトリックの断食

カトリック教徒は「**四旬節**（イースター前の40日間）」において断食を行う伝統があります。この期間には肉を控え、魚を食べることが推奨されることもあります。これを知らず、断食中に肉料理を提供することは、無礼とされる可能性があります。

イギリス人でカトリックの私の友人は、イースターの断食期間中、大好きなチョコレートを食べないようにしています。四旬節に好きなものを控えることで自分を律するそうです。

●**聖餐式**（せいさんしき）**（エウカリスティア）**

キリスト教の「**聖餐式**」と呼ばれる儀式においては、パンとワインが象徴的な意味を持ちます。特にカトリックでは、パンとワインはイエス・キリストの身体と血を象徴し、これを軽々しく扱うことはタブーです。食事の場でのワイン提供にも宗教的な意味が含まれる場合があり、この点にも注意が必要です。

イスラム教における食事のタブー

イスラム教徒にとって、食事に関するタブーは『クルアーン』（イスラム教における聖典でイスラム教徒にとっての生活や信仰の指針として最も重要な教えが記されている。コーラン）に基づいています。特に重要なものとして「**ハラーム**」と呼ばれる禁止事項があります。豚肉とアルコールを口にしないのが、その代表例です。

●豚肉とアルコールの禁忌

豚はイスラム教において不浄な動物と見なされ、『クルアーン』で明確に食べることを禁じられています。イスラム圏では食事の場で豚肉を提供することは大きな無礼とされ、強い不快感を引き起こします。また、アルコールは理性を失わせるものとして禁じられています。

●ラマダン

イスラム教徒は毎年、ラマダン（ヒジュラ暦の9番目の月）中は日の出から日没まで断食を行います。日中に食べ物や飲み物を口にすることは禁じられており、これに対する配慮が欠けると、信者に対して非常に無神経な行動と見なされることがあります。

なおラマダン中、夕食時に「**イフタール**」と呼ばれる断食後の食事があります。イフタールはコミュニティや家族が集まる特別な食事の機会です。これも、異文化の人々が参加する際には理解しておくべき重要な文化的イベントです。

ヒンドゥー教における食事のタブー

ヒンドゥー教には多くの食に関するタブーが存在し、教義と深く結びついています。

●牛肉の禁忌

ヒンドゥー教では牛は神聖な動物とされています。そのため、インドでは牛を殺すことや食べることはタブーです。牛は母のような存在で、インドでは牛肉を提供することは重大な冒瀆と見なされます。ヒンドゥー教徒はベジタリアンである場合も多く、牛以外の肉や卵を食べることも避けます。宗教的な儀式や祭りでも、野菜中心の料理が提供されることが一般的です。神殿での供物はもちろん、家庭内での宗教的な食事も純粋さが重視され、肉類が含まれることはありません。

インド人留学生によると、インドのマクドナルドでは、宗教的な理由からビーフバーガーが提供されていないそうです。代わりに、ご当地チキンバーガーである「マハラジャマック(Maharaja Mac)」やベジタリアン向けのメニューがあるそうです。

ユダヤ教における食事のタブー

ユダヤ教では、「**カシュルート**」と呼ばれる食事に関する厳しい戒律があり、特定の食物が禁じられています。「**コーシャミール**」はカシュルートに基づいた食べ物のことです。コーシャは「適切」「清浄」を意味し、ユダヤ教の教えに従って調理・食事ができる食品を指します。

●豚肉と甲殻類の禁忌

ユダヤ教では豚肉と甲殻類（エビやカニなど）は不浄なものとされ、食べることが禁止されています。

●肉と乳製品の分離

カシュルートでは、肉と乳製品を同時に食べることも禁じられています。例えば、ハンバーガーにチーズを入れることはタブーです。この戒律は、ユダヤ教徒の家庭やレストランで徹底して守られています。

ちなみに、ユダヤ教では、金曜日の日没から土曜日の日没までが「**シャバット（安息日）**」とされ、人々はこの時間を休息と礼拝に捧げます。金曜日の夕食には、シャバットの始まりを祝う特別な食事が行われます。

仏教における食事のタブーは、宗派や国によって異なりますが、一般的には肉類に対する制約が存在します。仏教は「**不殺生**（ふせっしょう）」の教えに基づいており、動物を殺すことを避けるため、肉食がタブーとされる場合があります。

宗教に基づく食事のタブーは、信者にとってとても大切なルールです。一般的な日本人にはあまりなじみがありませんが、これらのタブーを理解して気を配ることで、文化の違いによる誤解や問題を避けることができます。また、相手に対する尊重を示すこともできます。食事に関するタブーは、ただの習慣ではなく、信仰や社会的な考え方と深くつながっていることを、しっかり理解してください。

考えてみよう

あなたの国では、食事の際に避けるべきマナーやタブーにはどのようなものがありますか？　その理由について考えてみてください。

ある留学生は、学食で昼食をとっていた際、隣の日本人学生が「ずるずる」と音を立ててラーメンを食べているのを見て驚いたといいます。留学生の母国では、食事中に音を立てることは大きなマナー違反です。そのため、どうして音を立てるのか気になり、日本人学生にたずねたところ、「日本では麺をすする音はおいしさを楽しんでいる証拠で、むしろ普通のこと」と言われたそうです。

後日、留学生も麺をすすってみましたが、うまくできず、麺を噛み切ってしまいました。しかし、この経験を通じて、食事のマナーも文化によって異なることを知り、留学生も少しずつ日本の食文化に慣れていったのでした。

本章のまとめ

・非言語コミュニケーションの意味や解釈は国によって異なることを理解することが重要
・日本人は控えめな表情をするため、言葉に感情を込めるように心がける
・沈黙は、ときに「無関心」や「別のことを考えている」と解釈されることがある
・目を合わせる時間は文化によって異なるため、相手の文化に応じた配慮が必要
・食事や贈り物の際には、相手国の宗教的制約や文化的タブーをよく理解する

第5章

Cross-cultural understanding

異文化理解と「カルチャーマップ」

本章では、異文化理解をより深めるための有効なツールとして、エリン・メイヤーの「カルチャーマップ」に注目します。グローバル化が進む現代社会においては、さまざまな価値観や行動様式を持つ人々と協働する機会が増えています。しかし、文化の違いに気づかないままでは、ささいな誤解が大きな摩擦を生むこともあります。本章では、メイヤーが提唱するカルチャーマップの8つの指標――コミュニケーション、フィードバック、説得、リーダーシップ、意思決定、信頼構築、対立、スケジューリング――を通じて、異文化間におけるコミュニケーションスタイルの違いについて学んでいきます。それぞれの指標は、単なる知識ではなく、実際のビジネスや教育現場において直面する具体的な課題と深く関係しています。文化の違いを「違和感」として終わらせるのではなく、「理解と成長の機会」として捉えることができる――本章がその第一歩となるでしょう。

「カルチャーマップ」の見取り図

Cross-cultural understanding

近年、ビジネスが国境を超えてグローバルに展開する中で、文化的な違いがビジネスシーンにおける意思決定や日常業務に大きな影響を与えています。

グローバルな職場では、コミュニケーションスタイルや学習・仕事の進め方の違いが、チームのパフォーマンスだけでなくプロジェクトの成否に直接かかわる場面も多くあります。

エリン・メイヤー著の『異文化理解力―相手と自分の真意がわかる ビジネスパーソン必須の教養』(原著"The Culture Map"英治出版 2015)は、こうした文化的な違いを体系的に分析し、異文化間でのコミュニケーションの質を高めるための実践的な理論枠組みを提示しています。

メイヤーは、ビジネススクールの講師を務める、異文化研究の専門家です。彼女は、数多くの国際的なビジネスの現場で働く人々のコミュニケーションスタイルに着目し、それを「**カルチャーマップ**」として8つの指標(コミュニケーション、フィードバック、説得、リーダーシップ、意思決定、信頼構築、対立、スケジューリング)に分類しています。これを使って、国や地域ごとの文化的特徴を明らかにして、異なる文化間での効果的な相互理解とコミュニケーションのためのヒントを提供しています。

本章では、メイヤーが提唱するカルチャーマップの8つの指標を取り上げ、それぞれがどのように異文化理解に影響を与えるかについて、具体的な事例や学習・ビジネスの現場での応用を通じて解説します。また、文化的差異が誤解を招いた有名なエピソードや、事前に差異を理解することで成功を収めた事例も紹介します。

カルチャーマップの8つの指標

カルチャーマップとして提唱される8つの指標は、いずれも異文化間のコミュニケーションやビジネスのやり方における重要な側面を示しています。以下、各指標の概略を説明します（指標名は『異文化理解力』掲載のもの）。

①コミュニケーション

はっきり話すのが好まれるか、遠回しに話すのが好まれるか。はっきり話す文化＝ローコンテクスト、遠回しに話す文化＝ハイコンテクスト。

②評価

批判的なフィードバックを、直接的に伝えるか、遠回し（間接的）に伝えるか。

③説得

相手を説得するときに、「基本的な原則やルールを使って説明するか」「具体的な例や実際の体験を使って説明するか」のどちらを重視するか。原理（原則）優先か、応用（事例）優先か。

④リード

上司や権力者にどれくらい敬意や従順さを見せるか。敬意が強い文化＝階層主義的、敬意が少ない文化＝平等主義的。

⑤決断

意思決定をする際に、皆の意見をどれくらい大切にするか。全員の意見を大事にする文化＝合意志向、1人で決める文化＝トップダウン。

⑥信頼

信頼を築くとき、仕事の成果を重視するか（タスクベース）、相手との関係を重視するか（関係ベース）。

⑦見解の相違

意見の対立をよしとするか（対立型）、嫌なものとして避けるか（対立回避型）。

⑧スケジューリング

スケジュールを守るか、状況に応じて柔軟に対応するか。スケジュールを守る文化＝直線的な時間、柔軟に対応する文化＝柔軟な時間。

一般的にカルチャーマップを用いて異文化理解をする場合、日本の文化は多くの指標で独特な位置を占めるとされます。

まずは日本の全体的な特性を把握することで、日本と各国が各指標でどのように違っているのかが理解しやすくなると思います。

日本の文化的特性

カルチャーマップの8つの指標を通して日本文化がどのように他国と異なるかを理解するこ

■ 8つの指標の各国分布

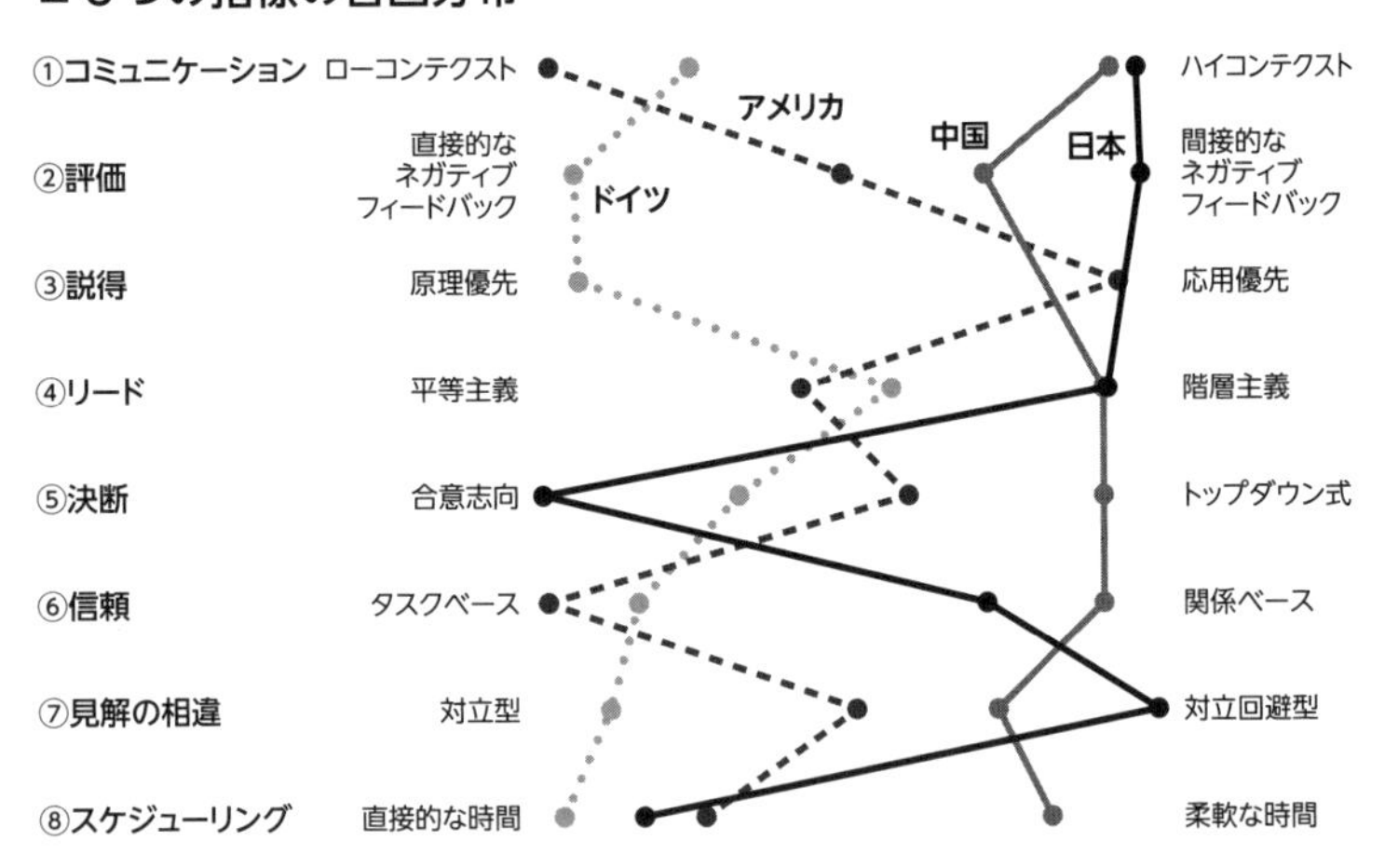

出典：金沢大学先端科学・社会共創推進機構ホームページ
(https://o-fsi.w3.kanazawa-u.ac.jp/about/vbl/vbl6/post/124.html)
※出典元の図表は『異文化理解力』P299を参考にアメリカの情報を追加、一部修正したもの

とは、異文化理解を円滑にするために不可欠です。

上の図表は、8つの指標の各国分布を示したものです。日本の各国との違いを明確にし、理解することで、国際的なビジネスや留学などにおいて、コミュニケーションで発生するリスクや誤解、摩擦を未然に防ぐことができます。さらに、国際的な協力関係をより強固なものにするための貴重な見方を身につけることができ。

2 コミュニケーションの指標

Cross-cultural understanding

コミュニケーション（Communicating）の指標は、文化によってコミュニケーションのスタイルが「ハイコンテクスト」か「ローコンテクスト」に分かれることを示します。

ハイコンテクストの文化とローコンテクストの文化

すでに本書でも解説していますが（41ページ参照）、異文化間のコミュニケーションの違いを理解するために、カルチャーマップにおいても「ハイコンテクスト」「ローコンテクスト」という概念が用いられています。

ハイコンテクストのコミュニケーションは、話している言葉以上に、文脈、状況、非言語的な合図や社会的な期待に強く依存するコミュニケーション形式を指します。日本や韓国、中国など、アジア諸国は典型的なハイコンテクスト文化の例です。これらの国々では、相手の言葉を聞くだけではなく、非言語表現や暗黙の了解のもとに、メッセージ全体を理解しようとしま

■ハイコンテクスト、ローコンテクストの国別傾向

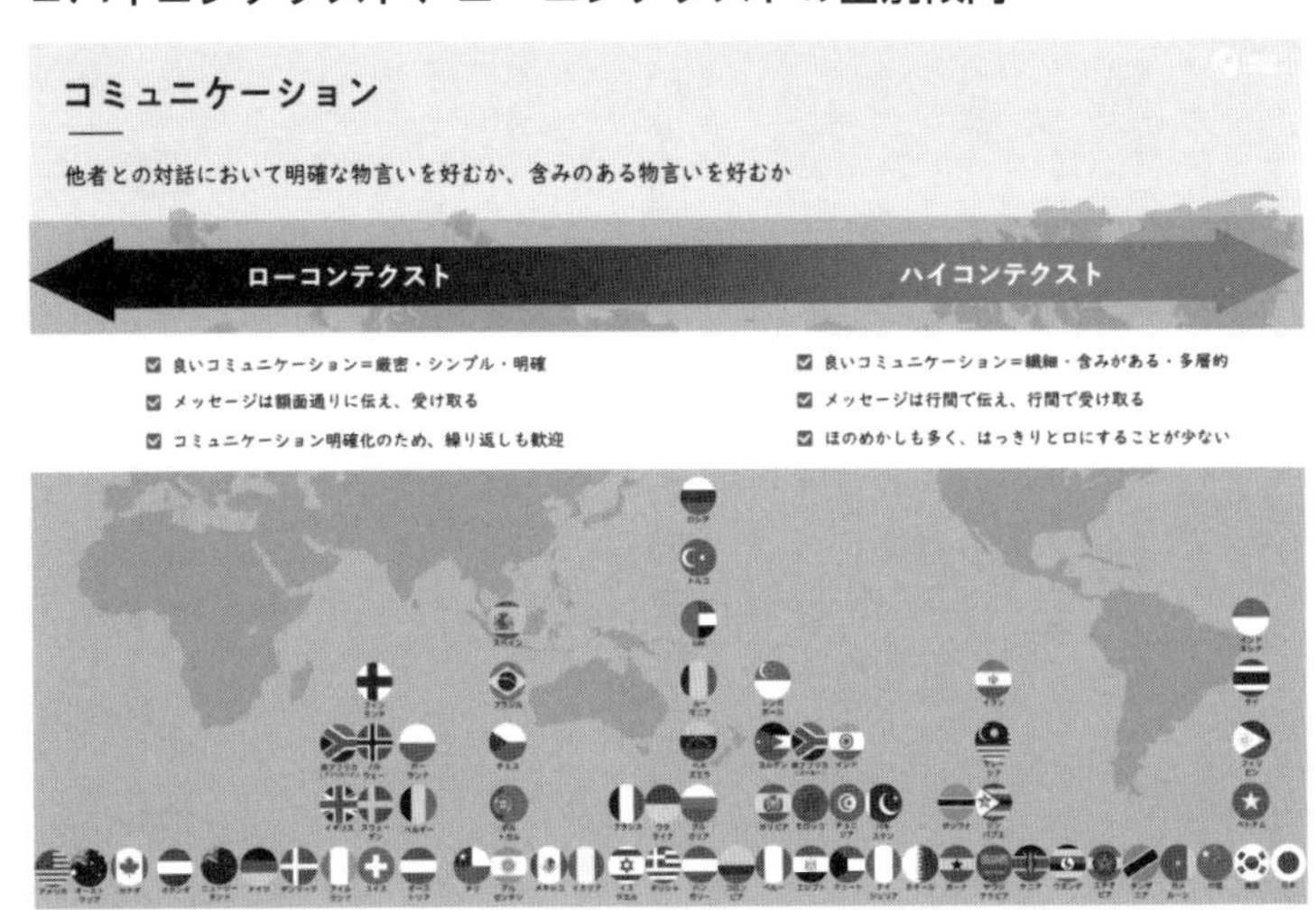

出典：インサイトアカデミーホームページ（https://client.insighta.co.jp/globalhrnews/5590）

す。

一方、ローコンテクスト文化のコミュニケーションは、言葉自体に多くの意味が込められ、メッセージが直接的かつ明確に伝達されます。アメリカやドイツ、北欧諸国がその典型例であり、話し手が自分の考えをはっきりと明示し、誤解を避けるため詳細に説明することが求められます。

日本と他国の比較

日本はハイコンテクスト文化の典型で、相手の感情や立場を察する「空気を読む」文化が根強く存在します。メイヤーが指摘するように、日本人は多くの場合、非言語的なコミュニケーション（例

えば、沈黙や表情の変化、相槌）を用いて意思疎通を図ります。会議の場面でも、発言自体が控えめであり、詳細な説明よりも背景や場の雰囲気が重要視されます。

対照的に、アメリカの会議は、発言が明確で、反論や意見交換が活発に行われます。言葉そのものが重要なメッセージとなり、誤解を避けるために詳細かつ明快な説明がなされます。

前ページの図表は、各国がハイコンテクスト・ローコンテクストのどこに位置するのかを示したものです。

日本は、エドワード・ホールの分類（異文化理解における「文化の見えにくい側面」に注目し、文化を分類・整理するための分類）において「最もハイコンテクストな国」に位置づけられています。一方で、欧米諸国の多くはローコンテクスト文化に属しています。

考えてみよう

日本の会議スタイルとローコンテクスト文化の会議スタイルが一緒になった場合、どのような誤解が生じると思いますか？

グローバリゼーションが進んだ現在、国際的なスタンダードやルールは主に欧米の主要先進国によって決定されています。コミュニケーションのあり方も、ローコンテクスト文化の価値観がデフォルト（標準）として採用されることが一般的です。この点において、日本のハイコンテクストなコミュニケーションスタイルは、グローバルスタンダードから最もかけ離れたものであるといえるでしょう。

日本人とアメリカ人が初めて会話をする場面を想像してみてください。アメリカ人は自己紹介や最近の出来事について積極的に話し、会話を途切れさせないように努力する傾向がありま す。日本人は相手の話に耳を傾けつつも、自分のことは控えめに話し、適切な間を取ることを重視します。この結果、アメリカ人は「なぜ日本人はこんなに静かなのだろう?」と疑問に思う一方で、日本人は「なぜアメリカ人は自分のことばかり話すのだろう?」と感じます。このくらい違いが顕著なのです。

「あえて言わない」はどこまで通じる?

日本では「あえて言わないこと」や「察すること」が美徳とされ、沈黙や間がコミュニケーションの一部として機能しますが、アメリカのようなローコンテクスト文化では、沈黙は「意見がない」や「関心がない」と解釈されることが多く、誤解や摩擦を生む原因となる場合があります。

さらに興味深い点は、お隣の中国でさえも、日本とは異なるコミュニケーションスタイルを持っていることです。中国も比較的ハイコンテクストな文化とされていますが、日本人と中国人が互いに「異文化」と感じる場面はよくあります。例えば、中国では直接的な自己主張や交渉の際のストレートな表現が比較的許容されます。対して、日本ではストレートな表現が「空気を読まない」と受け取られる場合があります。

日本のハイコンテクスト文化は、ローコンテクスト文化が主流のグローバル社会においては、独特の挑戦と学びを提供する場でもあるのです。逆にいうと、日本人が他国とのコミュニケーションを円滑に進めるためには、自らの文化的前提を意識しつつ、ローコンテクスト的なスタイルにも柔軟に対応する能力が求められます。

それと同時に、世界の多様性を理解する上で、日本のコミュニケーションスタイルが持つ価値や独自性を他国に発信することも重要です。この両方向の努力が、真の異文化理解と国際協力を可能にする鍵となるでしょう。

異文化理解の処方箋

ここでは、日本人とフランス人のビジネスパーソンを例に、プレゼンテーションにおけるコンテクストへの具体的な対応策を紹介します。

●メッセージの明確化
ローコンテクスト文化においては、言葉そのものが直接的にメッセージを伝えるため、日本側はできる限り明確かつ詳細な情報を提示することが求められます。プレゼンテーションでは、仮定や曖昧な表現を避け、相手に理解しやすい形で論点を示すことで、余計な質問や誤解の発生を抑えることができます。

●質問に対する対応の準備
フランスでは、詳細な質問は「批判」ではなく「知的好奇心」や「議論を深める手段」です。このことを日本側が事前に知っていれば、フランス人の質問を攻撃的だと感じることはなくなり、意見交換も建設的になります。逆に、日本人が質問に消極的なのは、「批判と捉えられないため」であることをフランス側が知っていれば、誤解は生じません。

●フィードバックの活用
フランス側からの質問が多いのは、フィードバックの文化があるからです。特にローコンテクスト文化において、フィードバッグは発表内容の改善に向けた建設的なものであり、日本側もそれを積極的に活用する姿勢を取るべきです。フィードバックを受け入れることが、長期的な信頼関係構築につながります。

どのコンテクスト同士のコミュニケーションが大変?

このようにコンテクストによる違いを事前に理解しておくことで、異文化間での摩擦や誤解が減り、スムーズなコミュニケーションが実現します。また、互いのコミュニケーションのあり方を共有することで、信頼関係の強化にもつながります。

では、ここでクイズです。次の3つの会話パターンのうち、最もコミュニケーションが難しいのはどれでしょうか?

①ローコンテクスト文化同士の会話
例:フランス人とドイツ人のビジネス交渉

②ハイコンテクスト文化同士の会話
例:日本人と韓国人のビジネス交渉

③ハイコンテクスト文化とローコンテクスト文化の会話
例:日本人とアメリカ人のビジネス交渉

正解は②。ハイコンテクスト文化同士の会話が最も難しいとされています。

そのときの状況などにより一概に正解とはいえませんが、ハイコンテクスト文化同士の会話では、暗黙の了解や非言語的なサインに依存するため、相手の文化における「暗黙のルール」や微妙なニュアンスの理解が必要になるからです。

例えば、日本人と韓国人はともにハイコンテクスト文化であるにもかかわらず、沈黙や曖昧さの解釈に違いがあります。

よってハイコンテクスト文化同士の会話では、非言語的なサインに頼りすぎず、言葉で明確に確認することが推奨されます。また、相手の文化背景を事前に学び、コミュニケーションのギャップを減らす努力も大切です。

ただし、ハイコンテクスト同士であれば、曖昧さを活かして柔軟に対応できる場合もあるので、状況に応じた工夫が必要でしょう。さらに、共通の文化要素がある場合は、ローコンテクスト文化との会話よりもスムーズに進むことも考えられます。

フィードバックの指標

Cross-cultural understanding

フィードバック（Evaluating）とは、相手の行動や成果に対して意見や評価を伝える行為です。上司が部下に仕事の進め方について改善点を伝える場面や、野球のコーチが練習中の選手にフォームの改善点を指摘する、親が子どものピアノ発表会について演奏のよかった点や次回へのアドバイスを伝える場面などが挙げられます。

こうしたフィードバックは、相手の成長を促す重要なコミュニケーションですが、その伝え方は文化によって大きく異なります。ある国では建設的な批判として直接的に改善点を伝えることが評価される一方、別の国ではやんわりと間接的に伝えることが相手への配慮とされるといった具合です。

フィードバックは、大きく、**「直接的フィードバック」**と**「間接的フィードバック」**に分かれます。効果的なフィードバックを提供するには、その国や地域の文化や習慣に合った伝え方を工夫する必要があります。特に厳しく批判的（ネガティブ）なフィードバックは、適切な方法を選ばないと、相手に誤解を与え抵抗につながる可能性があります。

直接的フィードバック

欧米の多くの国（特にドイツやオランダ）では、ネガティブなフィードバックほど直接的で具体的に伝える傾向があります。このような直接的フィードバックは、改善点を明確にすることで建設的な成長を促すと考えられており、批判そのものが個人に対する否定ではなく、課題解決のためのものと理解されています。

例えば、プロジェクトの報告書が未完成であった場合、「この報告書は具体的なデータが不足しているため、修正が必要だ」とはっきりと伝えます。

直接的フィードバックの長所

●明確さ

意見や指摘が具体的かつはっきりしているため、相手に誤解が生じにくく、問題点を迅速に解決できます。

例：「このプレゼンの構成は改善が必要だ」と明言することで、具体的な改善行動につながる。

ます。

●効率性

遠回しの表現や解釈の時間を省けるため、ビジネスやプロジェクトの進行がスムーズになります。

●印象の度合い

直接的なフィードバックが一般的な文化（アメリカ、オランダ、ドイツなど）では、相手に好意的に受け入れられます。

間接的フィードバック

一方で、日本やインドネシアなどのハイコンテクスト文化では、一般的にネガティブなフィードバックは間接的で慎重な表現が用いられます。これは、相手の感情や人間関係を重視し、批判によって相手を傷つけたり関係を損なったりすることを避けるためです。

このような文化では、フィードバックは暗示的な表現を使ったりポジティブなコメントを組み合わせて伝えられることが一般的です。例えば、「この報告書、とてもよくできていますね。ただ、次回はもう少し具体的なデータを加えると、さらによくなると思います」などと伝えるといった具合です。

間接的フィードバックの長所

●対人関係を維持しやすい

言葉を選んで優しく伝えるため、相手を傷つけるリスクが低く、良好な関係を保てます。

●文化的敏感性

間接的なコミュニケーションを好む文化では、配慮があると受け取られ、信頼関係が深まります。

●相手の自己修正を促進

直接的に指摘するのではなく、ヒントを与えることで相手が自ら気づき改善しやすい傾向にあります。

日本と各国の比較

こうしたフィードバックの文化的違いは、コミュニケーションの「ハイコンテクスト」や「ローコンテクスト」と密接に関連しています。

ローコンテクスト文化は、率直で明確な言葉を使ってフィードバックを行い、曖昧さを避け

■直接的フィードバックと間接的フィードバック

項目	直接的フィードバック	間接的フィードバック
特徴	明確かつ率直に伝える方法。相手に直接意見や改善点を伝える。	遠回しで柔らかい表現を用い、相手を傷つけないよう配慮した伝え方。
長所		
明確さ	意見が具体的で誤解が生じにくい。	表現が柔らかく、対人関係を損なうリスクが低い。
効率性	迅速に問題点を指摘でき、改善を促す。	相手が自発的に考え、自己修正する余地を残す。
文化適応性	ローコンテクストな文化圏（例：アメリカ、オランダ）で効果的なことが多い。	ハイコンテクストな文化圏（例：日本、中国）で信頼を構築しやすい。
モチベーション維持	問題解決が明確で、達成感を持ちやすい。	批判を和らげるため、相手の自尊心を保ちやすい。
短所		
対人関係の摩擦	間接的な文化では攻撃的、無礼と受け取られる場合がある。	曖昧すぎて意図が伝わらず、相手を混乱させる可能性がある。
感情的な衝突	相手の気持ちを傷つけたり、モチベーションを低下させるリスクがある。	本質的な問題に気づかず、問題解決が遅れる場合がある。
効率性の低下	摩擦や感情的な衝突が長期的な非効率を生む場合がある。	遠回しな表現が時間を要し、明確な行動を引き出しにくい。
文化間の誤解	間接的な文化では批判が過剰に否定的と受け取られる可能性がある。	直接的な文化では曖昧で無責任と見なされる場合がある。

ます。対照的に、ハイコンテクスト文化は、フィードバックを与える際に間接的な言葉や暗示、場の空気を重視します。これにより、相手の面子や関係性を尊重しつつ、批判を和らげようとするのです。

日本は間接的フィードバックが主流の文化で、批判やネガティブな意見は表立って言われることは少ないでしょう。「もう少しがんばりましょう」という表現が、実際にはかなり厳しいフィードバックとして受け取られる場合もあります。実際に用いられる表現の多くは、直接的に指摘するのではなく、相手に考えさせる余地を残す形でのフィードバックなのです。

考えてみよう

あなたは、どのような状況で直接的なフィードバックが適切だと感じますか？また、間接的なフィードバックが効果的だと感じる場面はどのようなときですか？

タイでもフィードバックは間接的であり、他人を公然と批判することを避けるのが一般的です。とはいえ、日本と異なる点もあります。

タイでは「サバーイ（快適・心地よい）」という概念が文化の中に深く根づいており、対立やネガティブな雰囲気を避ける傾向があります。そのため、「問題点の指摘」というよりも「提案」や「助言」という形で伝えることが多く、批判が少しでもポジティブに見えるように工夫されます。

一方、アメリカやドイツなどの文化では、先述したようにネガティブなフィードバックも明確に伝えられます。アメリカでは「あなたのプレゼンの進め方には改善の余地がある」というように、具体的にどこを改善すべきかを指摘し、その手法が問題視されることはあまりありません。オランダやフランスはさらに直接的で、ときには「厳しすぎる」と感じられるほど直接的な表現でフィードバックがなされることもあります。

異文化理解の処方箋

こうしたフィードバックの違いに対処するためにも、事前にそれぞれの国のフィードバックスタイルを学んでおきましょう。その際、以下のようなステップを行いましょう。

①文化のリサーチと事前準備

フィードバックを行う相手国の文化背景を事前に調べ、国別のフィードバックの傾向を理解します。例えば、アメリカやドイツのような直接的なフィードバックの国では、率直な言葉で相手に改善点を伝えることが期待されます。これは日本人の上司がドイツ人の部下にフィードバックする際でも同じです。間接的なフィードバックだと、かえって相手に「本心を伝えていない」と疑われてしまいます。

一方で、アジア圏や中東の国々では、フィードバックは間接的に行い、相手の面子を保つことが重要です（122ページのフェイス・スレトニング・アクトも参照してください）。

②フィードバックのタイミングを考慮する

文化によって、フィードバックを個別に伝えるか、公開の場で行うかが異なります。日本では個別のミーティングでフィードバックを伝えるほうが望ましいことが多いですが、アメリカではチーム全体の前でフィードバックを伝えるほうが効果的である場合があります。

③フィードバックのフレームワークを適用する

日本がフィードバックを行う際には、「**サンドイッチ法**」（ポジティブなフィードバックとネガティブなフィードバックを交互に伝える方法）が適用しやすいでしょう。サンドイッチ法は、3つの段階で行います。

❶ポジティブなフィードバック（上のパン）：まず相手のよい点を具体的に褒め、安心感を与えます。

■ネガティブなフィードバックは「サンドイッチ法」で

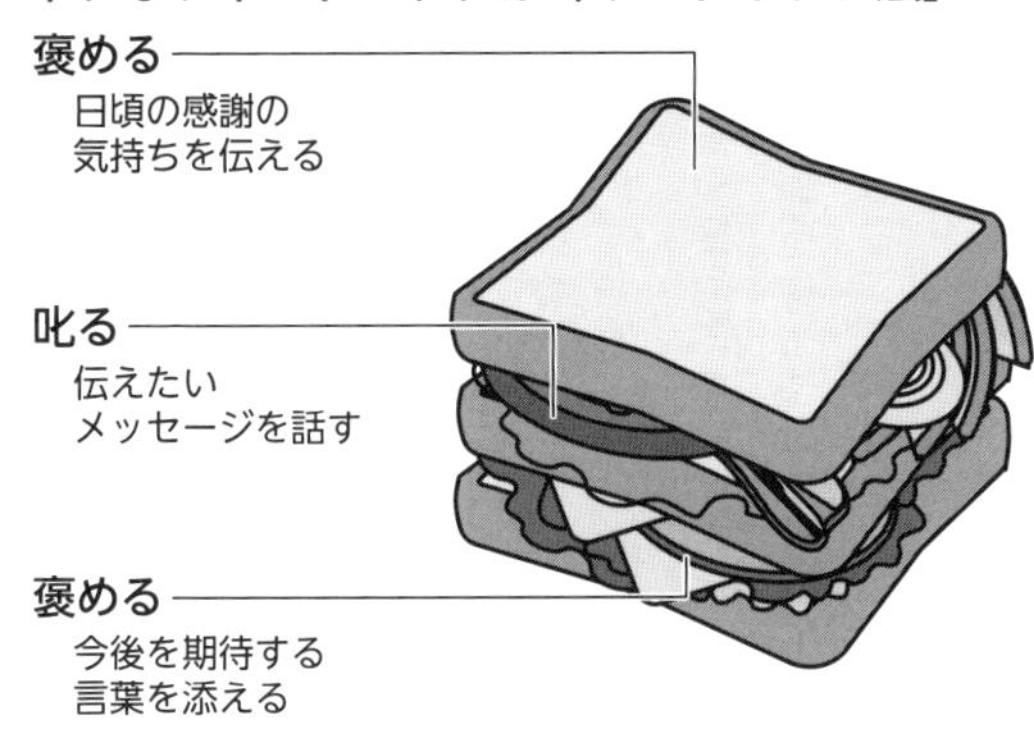

例「今回のプレゼン、非常にわかりやすく、資料も効果的でした」

❷ネガティブなフィードバック（中の具）：改善点を具体的に指摘し、解決策を提案します。批判は前向きなトーンで伝えます。

例「ただ、具体性が少し足りなかったので、次回はデータを加えるとよいでしょう」

❸再度ポジティブなフィードバック（下のパン）：最後にもう一度ポジティブな点を伝え、前向きな印象で終わらせます。

学生の卒業論文指導の際などに、私はサンドイッチ法によるフィードバッグをよく使っています。

例えば、卒論の原稿を送ってきた学生に対して、最初に「文章の構成がしっかりしていて、全体像が見やすいですね」とポジティブな点を6割伝えます。その後、「ただ、論点が少し曖昧な部分があるので、もう少し具体例を追加して、説得力を強化してみましょう」などとネガティブなフィードバックを3割程度に抑えて伝えます。最後の1割で「この調子で、もう少しデータの分析を深めれば、さらによい卒論になりますよ」と次回への期待を伝えるのです。

こうすると多くの学生は安心するようで、「次も頑張ります!」と言ってくれます。

④トレーニングを続ける

異文化間でのフィードバックの違いに適応するためには、前述の①②③に加えて、実践的なトレーニングが不可欠です。

フィードバックの与え方や受け方に関するロールプレイ（特定の役割を演じることで、実際の状況を模擬的に体験する）やシミュレーション（現実の状況を仮想的に再現し、対処するスキルや知識を身につける練習方法）を日々行いましょう。それにより、実際の場面での対応力を一層高めることができます。

説得の指標

日々の生活の中で誰かを**説得**（Persuading）する場面は意外と多いものです。新しいレストランに行ってみないかと友人に提案するとき、家族に旅行の行き先を変えるよう話すとき、あるいは職場で自分のアイデアを採用してもらおうとするときなど、私たちはさまざまな方法で相手に納得してもらう努力をします。このような説得の場面では、どう話を切り出し、どんな順序で伝えるかが結果を大きく左右します。

説得のスタイルは、文化や状況によって大きく異なります。異文化間のコミュニケーションでは、自分が慣れている説得方法が必ずしも相手に効果的とは限りません。どのようなアプローチが最適かを理解するためには、相手の文化背景や価値観を考慮する必要があります。

メイヤーのカルチャーマップによれば、説得のスタイルには、「**原則重視型**（Principles-first）」と「**応用志向型**（Applications-first）」があります。

Cross-cultural understanding

「原則重視型」の説得スタイルとは？

「原則重視型」は、抽象的で理論的な概念から議論を始め、そこから個別の事例や具体的な結論へと進むアプローチです。ドイツやフランスが典型的な原則重視の国として挙げられます。これらの国では、説得力のある議論を展開するには、まず理論的な基盤を説明することが重要とされます。

ある国際会議で、ドイツの経営コンサルタントがクライアントに新しいマーケティング戦略を提案する場面を考えてみましょう。

提案内容：新規市場への進出戦略について

①理論的基盤の説明

まず、戦略の背景となる経済学の理論や市場分析モデルについて詳しく説明します。「この戦略は、マイケル・ポーターの競争優位の理論に基づいており、市場シェア拡大には差別化戦略が必要です」といったように、説得力のある理論を紹介します。

②データと根拠の提示

次に、具体的な市場データや統計情報を用いて、理論が現状にどのように適合するかを示します。「ドイツ国内の消費者調査では、40%が環境に配慮した製品を選ぶ傾向があり、このデータは戦略を支持するものです」と説明します。これにより、理論の妥当性を証明します。

③具体例の提示

理論と根拠を十分に説明した後、最後に「この戦略を適用する場合、まず製品のパッケージを吟味し、ターゲット市場に合わせた広告キャンペーンを展開する必要があります」と具体的なアクションプランを提案します。

ドイツやフランスの文化では、理論がしっかりしていれば、具体的な結論がまだ不明確でも提案が信頼されやすい傾向があります。理論的な基盤を理解した上で結論に進むため、説得のプロセス自体が知的で納得感があるとされるのです。

「応用志向型」の説得スタイルとは？

具体的な事例や経験に基づいた説明から始め、その後に一般的な原則に触れるアプローチです。アメリカや日本は応用志向の国として知られ、具体例や実務経験を通じて説得を行う傾向があります。特に日本では、物語や具体的なエピソードを説得に用いることが多く、全体を包括的に説明するアプローチが好まれます。

アメリカの広告代理店が新しいデジタル広告キャンペーンをクライアントに提案する場面を考えてみましょう。

提案内容：オンライン広告戦略の改善について

①具体例の提示からスタート

担当者は、まず「昨年、同じ業界のA社で行ったデジタル広告キャンペーンでは、動画広告を活用してクリック率が50％向上しました。この方法は御社の現在の課題にも効果的だと考えています」といった具合に、成功例を示します。

②現在の状況と具体的な提案

次に、クライアントの状況に即したアクションプランの提案を行います。

「御社のオンライン広告では動画コンテンツが少ないため、ターゲット層へのアピールが弱いようです。今回のキャンペーンでは、ターゲット層が興味を持ちやすい短尺動画を中心にした戦略を導入しましょう」といった形です。

③理論や根拠を後から補足

提案の最後に、なぜその戦略が有効なのかをデータや研究を基に説明します。「このアプローチは、Z世代の消費者行動に関する最近の調査結果に基づいています。動画広告が視聴率とのエンゲージメントを向上させることが統計的に証明されています」と理論や背景を補足します。

クライアントは具体的な例やアクションプランをすぐにイメージできるため、提案内容が現実的で実行可能だと感じやすくなります。

日本やアメリカ、オーストラリアのような文化では、このような具体的な成果や結果が重要視され、議論を深めるよりも行動を優先する傾向があります。

演繹法と帰納法

原則重視と応用志向は、それぞれ**演繹法**（Deduction）と**帰納法**（Induction）の考え方に対応しているともいえます。2つの考え方には、次のような違いがあります。

■演繹法と帰納法

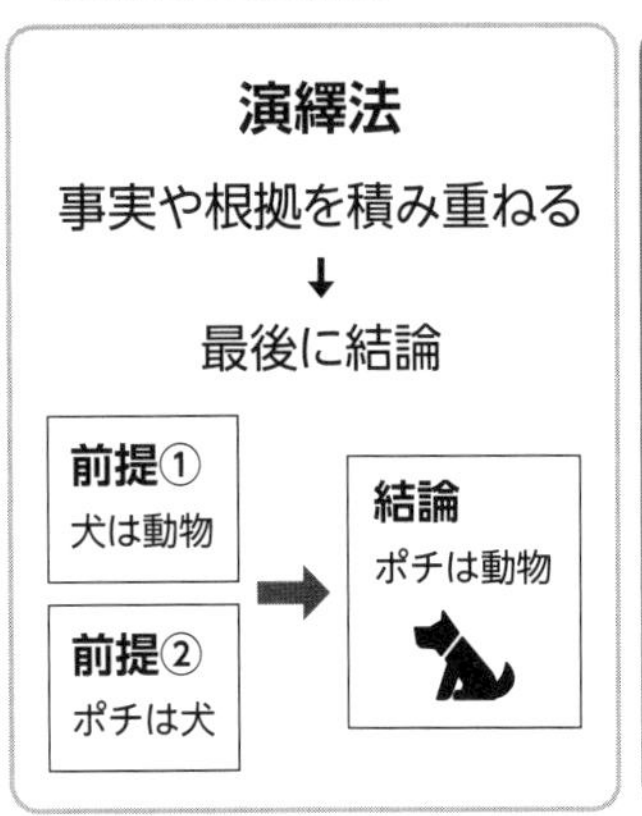

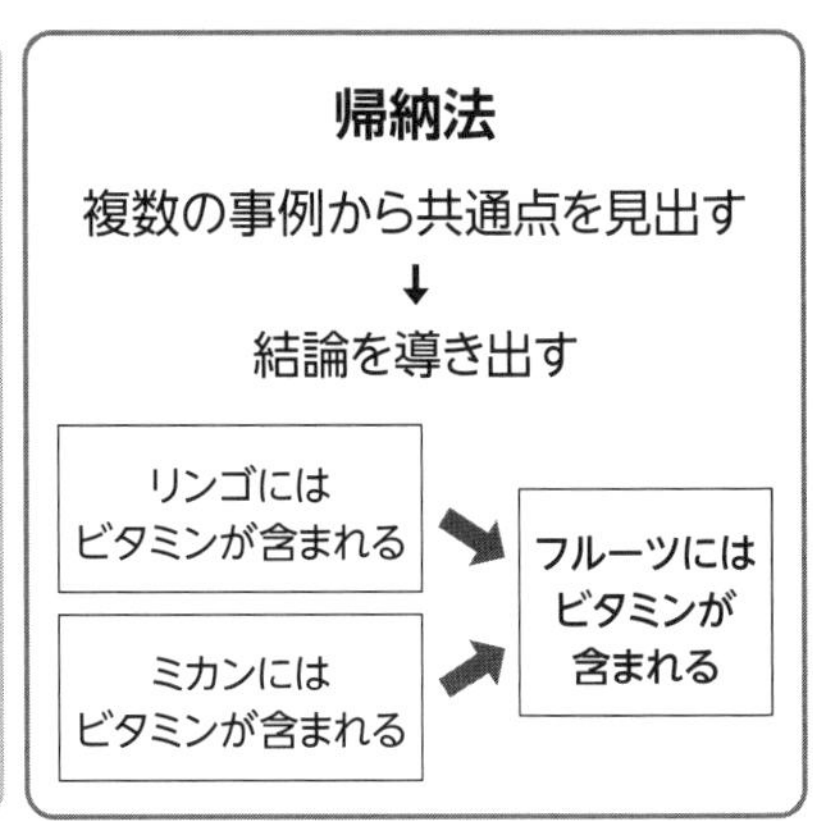

●演繹法→原則重視のスタイル
「すべての犬は動物である」（一般的なルール）
「ポチは犬である」（個別の事例）
「だから、ポチは動物である」（結論）

●帰納法→応用志向のスタイル
「リンゴにはビタミンが含まれる」（具体的な事例）
「ミカンにはビタミンが含まれる」（具体的な事例）
「だから、フルーツにはビタミンが含まれる」（一般的な結論）

日本と各国の比較

実は日本の説得スタイルは、他の国と比べてもかなり独特です。

先述したように、アメリカのビジネスシーンでは、具体的なデータや成功事例を最初に提示し、その後に結論を導く傾向があります。しかし、同じ応用志向でありながら、日本では状況全体の説明や背景を重視し、結論に至るまでに多くのコンテクストを提供します。これにより、全体像を把握した上で意思決定が行われるのです。

日本のビジネス会議では、提案を受け入れる前にその背景やリスクなど全体的に理解しようとする傾向が強く見られます。一方、アメリカやヨーロッパでは、提案の具体的な成果や利点が強調されます。

メイヤーは『異文化理解力』の中で、日本の説明・説得のスタイルを「金魚の水槽」にたとえています。日本人は、金魚だけでなく、その金魚がいる水槽全体（水草や岩、水の色など）も一緒に見るように、物事を全体的に理解しようとします。個々の部分だけではなく、背景や周りの状況も大切にして説明するので、他の国では説明が長すぎると感じられることもあります。

考えてみよう

日常的な場面（友人との相談、家族との会話など）の説得で、あなたは原則重視型と応用志向型のどちらを使うことが多いですか？　例えば、友人に新しいレストランに行くことを提案する際、あなたはどのような順序で説得しますか？　その方法が効果的だった理由、または改善できる点について考えてみてください。

異文化理解の処方箋

原則重視型は理論から、応用志向型は具体例から話を進めるといった違いがありますが、それぞれに強みがあります。どちらのアプローチが効果的かは、相手や場面に応じて異なるため、柔軟に使い分けることが大切です。説得は単なる技術ではなく、相手を理解し共感を得るコミュニケーションの一環です。自分のスタイルを見直し、適応力を高めることで、よりよい説得が可能になります。

ここでは、原則重視の文化に対する、具体的なアプローチの仕方を挙げておきます。

原則重視の文化に対するアプローチ方法

①理論や原則の提示

まず、プロジェクトや議題に関連する基本的な理論や原則を示します。例えば、「このプロジェクトは持続可能な開発理論に基づいており、長期的な成長を目指しています」といった形で、論理的な枠組みを先に提供します。

②ロジカルなアプローチ

理論の説明の後、理論に基づく具体的な結論や方針を説明します。さらに結論を支えるための論理理由やデータも加え、相手が納得できるように提案を行い、理論から導かれる結論や方針を説明します。

「この理論に基づき、我々は長期的な資源管理を優先し、初期投資は高いものの、10年以内に環境負荷を30％削減できると予測しています。これにより、企業は長期的に安定した成長を実現できます」

このように、理論から具体的な行動や成果を導く形で説明し、結論の妥当性を示していきます。

③具体例で補強

理論が理解された後は、それを補強するため「この理論に基づいて、過去に同様のプロジェクトが成功した例をいくつか紹介します」といったように具体例を用います。理論と実際の成功例をつなげることで説得力を高めます。

以上のように、原則重視型のアプローチでは、理論、結論、論理的理由、データを順に示し、仮定への対応策まで準備することで、相手を効果的に説得するのです。

例えば、「持続可能な成長」という哲学的な課題に基づいて具体的な方針やデータを示すことで、理論から結論に至る筋道が明確になり、相手を説得しやすくなります。哲学とビジネスが結びつくことで、相手に納得感を与えやすくなります。原則重視型のアプローチは、哲学的な課題とビジネスが交わる場面で、特に有効です。

5 リーダーシップの指標

Cross-cultural understanding

リーダーシップ（Leading）とは、多様な人々を導き、共通の目標に向かって動かす力ですが、そのスタイルもさまざまです。あるリーダーは強い権限を持ち、独裁者のように命令を下し、全体を統制します。一方で、博愛主義的なリーダーはメンバーの意見を尊重し、チーム全員の幸福や成長を重視します。

カルチャーマップにおいて提示されている「リード」に関する考え方を通じて、リーダーシップと意思決定の関係性を探ってみましょう。

「平等主義」か「階層主義」か？

この指標では、文化によってリーダーシップのスタイルが「**平等主義的**（Egalitarian）」か「**階層主義的**（Hierarchical）」かに分かれることを示しています。

●「平等主義的」文化の特徴

リーダーはチームの一員として対等に扱われ、組織構造はフラットです。スウェーデンやオランダでは、リーダーが一方的に決定を下すのではなく、チームメンバーの意見を尊重し、共同で意思決定を行うスタイルが重視されます。

●「階層主義的」文化の特徴

リーダーは明確な権限を持ち、チームは上位者の指示に従うことが期待されます。日本や韓国のような階層文化では、リーダーに対する敬意や上下関係が重視され、トップダウンの意思決定が一般的です。

日本と各国の比較

日本のリーダーシップは伝統的に階層的ですが、興味深いのは、日本ではリーダーが決断を下す前に**「根回し」**が行われることです。「根回し」とは、会議の前にリーダーや関係者が個別に意見交換を行い、会議中の衝突を避けるために、事前に合意を得ておくプロセスです。表向きはリーダーが最終決定権を持っているように見えるものの、実際にはメンバーの意見を慎重に調整し、合意を築いていく手法です。

他にも「**稟議制度**」（最終的な意思決定を行う前に、文書が複数の階層を経由し、各メンバーの承認を得ること）や「**腹芸**」（上司の意図や気持ちを察し、部下が暗黙の了解のもとで行動すること）など、日本には独特なプロセスがあります。

このように日本では、慎重に合意形成を行うため、意思決定に時間がかかり、しかも正式な打ち合わせまでに大まかな方針が決まってしまっている傾向が見られます。外国人社員にとって大きなストレスとなることがあり、特に会議までにすでに結論が出ていることに気づいたときなど、自分の意見を述べる意味がないと感じて、フラストレーションを覚えることが多いようです。

考えてみよう

あなたは「根回し」や「稟議制度」をどのように捉えますか？　効果的だと感じる点、または改善が必要だと思う点を考えてみてください。

ある日本企業の外国人管理職は、会議で新しい提案を出したものの、なかなか受け入れられないという経験をしました。実は、提案内容そのものが問題なのではなく、意思決定に対する文化的な認識の違いが原因でした。

外国人管理職にとって「会議」は、アイデアを共有し議論を通じて意思決定を行う場です。

ところが、その企業で働く人の多くは、「すでに根回しの段階で重要な結論が出ており、会議自体はそれを関係者全員で確認し、合意を正式化する場」と捉えられていたのです。

根回しのプロセスを経ない提案は、たとえその場で新しい視点を提供するものであっても、議論されることなく流されてしまう。実際、そういうケースは少なくありません。

この外国人管理職はその後、「根回し」の重要性を痛感し、仕事の進め方を改めたといいます。文化背景を理解し適応する必要性を示す一例といえるでしょう。

異文化理解の処方箋

「各国のリーダー像は文化によって異なる」というのは、グローバルにリーダーシップを発揮する上では非常に重要なポイントです。また、リーダーシップのスタイルもその国の文化や価値観に深く根ざしています。そのため、日本のリーダーが海外チームをリードする際には、現地の人に合わせた、次に挙げるような柔軟なアプローチが求められます。

①リーダー像の違いの確認する

日本人のリーダーが海外チームをリードする場合、まずは平等主義的なリーダーシップスタイルについての理解を深めましょう。

例えば、アメリカのチームメンバーと働く際には、より率直でオープンな意思決定プロセスを取り入れることで、信頼関係を構築できます。リーダーは明確な指示を出しつつも、メンバーの自主性や意見を尊重する姿勢を取ります。こうした文化では、リーダーが独断で決定を下すと、信頼を失ったり、チームのモチベーションが下がる危険性があります。

チームメンバーとプロジェクトの方向性を決める際も、まず自分の提案を出す前に「皆さんの意見を聞かせてください」と問いかけ、意見を集めるとよいでしょう。メンバーを意思決定に巻き込むことで、リーダーが独断的ではないことを示します。それにより信頼感を得られます。

②リーダーの権威を明確に示すことも（階層主義的な企業文化の人々をリードする方法）

一方、中国や韓国では、日本と同様にリーダーの権威が重要視されます。リーダーには明確に指示を出し、チームが方向性を理解しやすい環境をつくることが期待されます。プロジェクト開始時にはリーダーがビジョンや目標をはっきり伝え、チームの進むべき道を明示することが重要です。また、問題が発生した場合には、リーダーが責任を持って解決に導く姿勢を示すことで、チームメンバーから信頼を得られます。

特に中国や韓国では「**面子**」（120ページ参照）が非常に重要です。これは他者の前での体面や尊厳を守る文化であり、リーダーは部下の面子を保つよう配慮しなくてはなりません。部下のミスは公の場で指摘せず、個別にフィードバックを行うことで、部下の面子を守ることができます。リーダーがチームのメンバーに対して配慮を示すことで、信頼関係が深まり、チームの士気も高まります。

③宗教的価値観への配慮や家族や人間関係を重視する

中東諸国では、イスラム教の影響は絶大です。宗教的な習慣（祈りなど）や価値観の尊重は不可欠で、特に、ラマダン中は特別な配慮が必要です。リーダーは、宗教的な行事や慣習を理解し、それに合わせて業務の調整を行わなくてはいけません。

また中東では、家族や人間関係が非常に大切にされます。ビジネスの場でも、リーダーはチームメンバーとの個人的な信頼関係を築くことが求められます。中東の人々は、単なる職場の仲間としてだけでなく、家族やコミュニティの一員としての結びつきを重視します。

具体的には、リーダーがチームメンバーの家族について興味を示したり、プライベートな話題を共有することで、信頼関係が深まります。部下の家族行事や慶弔時に配慮を示すことで、信頼関係はより強化されます。

私がオックスフォード大学で、クラスメイトと研究プロジェクトを進めていた際、チームにラマダン中のムスリム留学生が何人かいました。その留学生たちは、日の出から日没まで食べ物や飲み物を口にすることができません。

　このプロジェクトのリーダーは中国の学生で、ラマダンについてあまり知識がなかったため、当初は普通に昼食を取りながらミーティングを進めようとしました。しかし、彼らはお腹がすいている状態で、ミーティングのたびに食べ物の話題が出ると少し苦しそうでした。リーダーはそのことに気づき、ミーティングを夕方に変更し、日が沈んで彼らが食事を取れる時間に合わせて進行するようにしました。そして、終わった後に一緒に軽い食事をしながら、チーム全員でコミュニケーションを深める場を設けました。

　この配慮によって、ムスリム留学生たちも安心してプロジェクトに参加できるようになり、チームの絆も強まりました。

意思決定の指標

Cross-cultural understanding

私たちは日常生活の中で、文化の違いに基づいた**意思決定**（Deciding）を知らず知らずに行っています。その意思決定のやり方も文化によって異なり、個々人の文化背景が無意識のうちに家族との話し合いでの進め方や、上司や同僚との合意形成などに影響を与えています。本節では、この意思決定の違いについて詳しく見てみましょう。

意思決定のスタイルは、「**トップダウン型**」と「**合意形成型**」に分類され、意思決定のプロセスも両者で大きく異なります。

「トップダウン型」文化

中央集権的な文化に見られ、意思決定の権限がトップに集中しています。組織のリーダーが最終的な決定を下し、部下やチームはその指示に従い実行に移すという構造です。

アメリカや中国などでは、ＣＥＯやリーダーが決定権を持ち、その判断が迅速に現場へと伝達され、スピーディーに実行される傾向があります。トップダウン型の文化では「意思決定のスピード」が非常に重要視されており、リーダーがリスクを取り、明確な指示を出すことで、全体が迅速に動くことが期待されています。

特にアメリカのビジネス文化では、「迅速な決断力」や「行動のスピード」が企業の競争力を左右する重要な要素とされています。アメリカはカルチャーマップの「リーダーシップのスタイル」においては、上下関係をあまり強調しない対等な関係が特徴です。しかし同時に、「意思決定プロセス」においては「合意形成がなされた後は、リーダーがトップダウンで一気に物事を進める」というスタイルも見られます。

このように、「平等型の議論＋トップダウンの実行」という組み合わせが、アメリカのリーダーシップ文化の大きな特徴といえるでしょう。

「合意形成型」文化

意思決定のプロセスがより複雑で、複数のステークホルダーの意見や視点が慎重に取り入れられます。日本やドイツなどは、組織内の異なるレベルのメンバーや関係者全員が、決定に納得することが重要視されます。

すでに述べたように、日本では「根回し」や「稟議制度」といったプロセスがあり、リーダ

■トップダウン型とボトムアップ形の意思決定

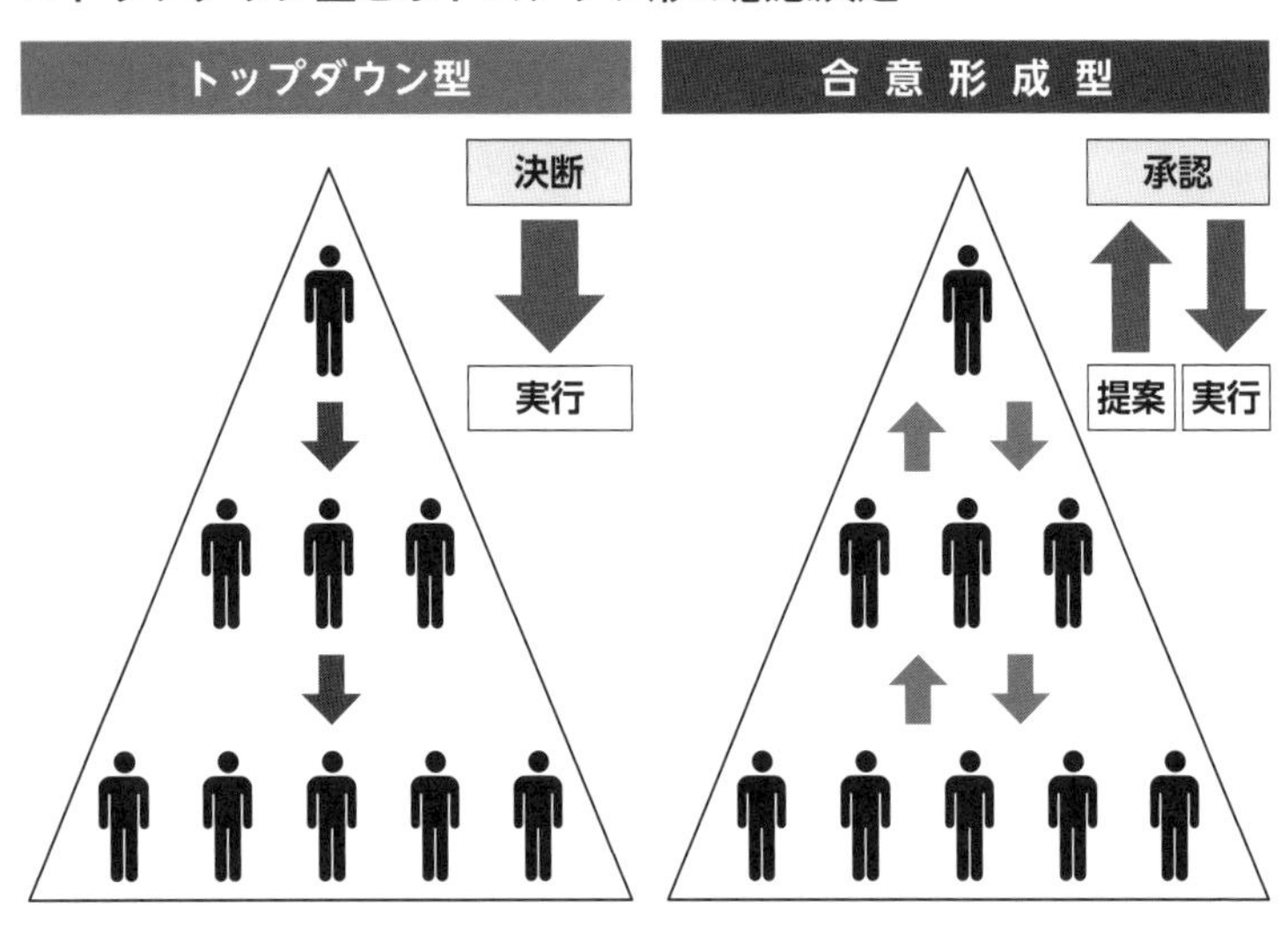

ーが決定を押しつけるのではなく、非公式な場で関係者全員に事前に話を通して、同意を得る段階を踏むことが一般的です。

ドイツにも、全員の合意形成を重視する文化があります。ドイツでは、正式な議論や意見交換を経て、組織全体が納得のいく形で意思決定がなされることが多く、特に法的な整合性や規則に基づく透明性が強調されます。

合意形成型の意志決定は、一見、プロセスが遅く感じられるかもしれません。しかし実際にはリーダーが決めたことにただ従うのではなく、全員が理解し納得した上での実行につながるため、後の段階での修正や問題発生のリスクを最小限に抑えることができるのです。

日本と各国の比較

精神科医の土居健郎は「甘え」の概念を提唱し、その心理特性を解明した著書『「甘え」の構造』（1971）で広く知られます。

日本の文化には「**甘え**」という概念があると土居氏は言います。他人に頼ることや、言わなくても助けてもらえるだろうという期待を持つことです。意思決定においても、この甘えの構造は強く働いており、組織においてリーダーが明確な指示を出さない場合でも、部下が適切に動くことを期待する風土があります。これは、外国人にとっては曖昧に感じられ、リーダーの意図が不明確だと誤解されるようです。

日本の「**恥の文化**」と西洋の「**罪の文化**」の違いも重要なポイントです。日本では、個人が恥をかくことを避けるために、慎重に決断が行われ、責任が曖昧になる傾向があります。失敗やミスを「恥」として認識する文化によって、個人に責任を押しつけることが少なく、チーム全体で責任を共有するスタイルが一般的です。これに対して、罪の文化を持つ西洋では、個々人が自らの決断に対して責任を持ち、結果に対する個別の責任も明確です。

考えてみよう

あなたがこれまでに経験した意思決定の中で、迅速すぎるために問題が生じた例、または慎重すぎてタイミングを逃した例を挙げてください。

よく語られるエピソードですが、日本の戦国三英傑と呼ばれる、織田信長、豊臣秀吉、徳川家康は、それぞれ独自の意思決定スタイルで成功を収めました。

信長は桶狭間の戦いで敵の意表を突く奇襲を決断し、圧倒的な兵力差にもかかわらず迅速で大胆な行動によって勝利をつかみました。

秀吉は本能寺の変後、毛利家との戦いを切り上げ「中国大返し」を実行し、わずか10日間で軍を進軍させて明智光秀を討伐しました。この柔軟な判断と迅速な行動が信長の後継者としての地位を確立させました。

一方、家康は関ヶ原の戦いで慎重かつ周到な準備を行い、さらに裏切り工作をすることで戦局を有利に進めました。特に小早川秀秋の裏切りを引き出す戦術が、勝敗を大きく左右しました。

信長の果断さ、秀吉の柔軟性、家康の計画性は、それぞれが状況に応じた適切な意思決定を行ったことを物語っています。三英傑のエピソードは、リーダーシップにおける判断力の重要性を示すと同時に、異なるスタイルの強みを考えるきっかけを与えてくれます。

異文化理解の処方箋

トップダウン型文化と合意形成型文化という異なる意思決定スタイルを持つ人々が一緒に仕事をする際には、誤解や摩擦が生じることが少なくありません。効果的な対策と対処法を３つのポイントに分けて説明します。

①意思決定プロセスの共有と透明性の確保

トップダウン型の文化ではリーダーが迅速に決断を下し、実行に移すことが期待されますが、合意形成型の文化ではすべての関係者が同意するまで慎重にプロセスを進めます。プロセスの違いを互いに認識することは極めて重要です。

日本の大手メーカーと中国の企業が共同で製品開発を行った際、当初、中国側は早急な意思決定を求めましたが、日本側は内部の合意形成に時間をかけたため進捗が滞りました。その後、中国側は日本の合意形成プロセスを理解し、逆に日本側のメンバーは意思決定の透明性を高めるため、プロセスを事前に共有したことで、互いの信頼は崩れず、プロジェクトはスムーズに進行しました。

このように相手の意思決定プロセスを理解し、歩み寄ることは不可欠です。合意形成型の国は、時間がかかるプロセスを透明化し、トップダウン型の国は進行を急かさず、適切なフィードバックを提供する柔軟性を持つことが重要です。

②非公式なコミュニケーションの促進と調整

合意形成型の文化では、意思決定前の非公式なコミュニケーションが重要な役割を果たすこともあります。

あるアメリカ企業と日本のパートナー企業との間で行われた新製品の開発についての協議では、アメリカ側は公式会議での意思決定を重視し、日本側は会議前の非公式な意見交換を重視しました。そのため、会議の際に合意を得られず、意思決定が遅れました。その後、アメリカ側は事前の「根回し」を取り入れ、日本側との信頼関係を深めながらプロジェクトを進めることにしました。

合意形成型の国では、非公式な対話が重要な意思決定のプロセスの一部であることを認識し、会議以外でも積極的にコミュニケーションを取ることが有効です。一方、トップダウン型文化の人々には、こうした事前調整を尊重しつつも、公式の場での意思決定にうまくつなげよう工夫することが求められます。

③意思決定の優先順位とスピードと調整のバランス

さまざまある決定事項のなかでも、優先度の高い案件については、リーダーの指示に従い、合意形成を短縮し、早い段階で迅速に実行に移しましょう。一方で、重大な決定には時間をかけて合意形成プロセスを進めるようにし、両方のアプローチをうまく調整します。

フランスのファッションブランドと日本のデザインチームが共同で新コレクションを開発するプロジェクトでは、フランス側は迅速な決断を求め、日本側は詳細な検討を重視しました。フランス側は短期間で決断を下そうとしましたが、日本側が慎重なため、同意を得るのに時間がかかりました。最終的に、両社は意思決定の期限を事前に設定し、優先度の高い事項の決断はトップ同士の話し合いで行い、検討が必要な部分には時間をかけることで、双方が納得してプロジェクトを進めることに成功しました。

段階ごとに意思決定のスピードを調整し、緊急性の高い決定は迅速に進め、全体の合意が必要な場面では時間をかけて丁寧にプロセスを踏む。こうしたそれぞれの文化的特徴を取り入れた意思決定のバランスが、プロジェクトの成功につながるのです。

7 信頼構築の指標

信頼関係（Trusting）は、私たちの日常生活やあらゆる人間関係の基盤となる重要な要素です。友だちや恋人との間では、共感や誠実さを通じて築かれる信頼が関係を深める鍵となります。一方、上司と部下、教師と生徒のような関係では、互いの役割や期待に応えることが信頼を育む要因となります。この信頼を構築する方法も、相手の性格だけでなく文化背景によっても大きく異なる場合があります。逆に、信頼の違いについて理解を深めることで、異文化間での関係をよりよいものにするヒントを得ることができます。

「タスクベース」か「関係ベース」か？

メイヤーは、信頼構築のプロセスは国ごとに異なることを強調しており、信頼の築き方は大きく「**タスクベース**（Task-based）」と「**関係ベース**（Relationship-based）」の2つのタイプに分類されるといいます。それぞれのタイプを理解することで、異なる文化背景を持つ相手であってもスムーズに信頼関係を築くことができるのです。

●タスクベース

個人の能力や専門性、仕事の成果に基づいて信頼が築かれるタイプです。プロフェッショナルとしてのスキルや知識が評価（認知）され、信頼を得る傾向があります。欧米、特にアメリカやドイツなどでは、プロジェクトにおけるパフォーマンスや専門性が重視されます。

●関係ベース

個人的な関係や感情のつながりに基づいて信頼が築かれるタイプです。家族的なつながりや、ともに時間を過ごした共感を通じて育まれる信頼です。総じて、ハイコンテクスト文化に属する国々では、関係ベースの信頼が重視され、個人的な交流がビジネスの成否を左右することが多くあります。

両者のスタイルには、それぞれメリットとデメリットがあります。タスクベースは効率性に優れていますが、感情的な絆が希薄になりがちです。一方、関係ベースは深い信頼関係を築ける反面、時間や労力がかかります。異文化環境で成功するためには、これら2つの信頼構築スタイルを柔軟に使い分け、状況に応じた適応力を身につけることが重要です。

日本と各国の比較

日本においても、仕事の成果や専門知識に基づく信頼は重要ですが、それだけでは十分ではありません。新しいビジネスパートナーが技術的に優れていても、その人の「本心」が見えるまで、日本のビジネスパーソンは完全には心を開かないことが多いようです。このため、日本ではタスクベースの信頼だけでなく、関係ベースの信頼も重要になります。両方が合わさっている形です。

文化人類学者、中根千枝の『タテ社会の人間関係』（１９６７）では、日本社会を上下関係を重視する「**タテ社会**」として分析し、西洋の「**ヨコ社会**」との対比を示しました。この理論は、日本の組織文化や人間関係の特性を理解する上で重要な視点を提供しています。

日本では、関係ベースの信頼が、特に「タテ社会」の文化と密接に関連しています。タテ社会とは、年齢や地位によって上下関係がはっきりしている社会のことを指し、そこでは先輩や上司などとの信頼関係が非常に重要です。新入社員は、上司や先輩と時間をかけて交流し、尊敬と忠誠心を示すことで信頼を築いていきます。

タテ社会の日本では「**飲ミュニケーション**」という独特な文化があります。会社の外でお酒を飲みながら会話を深め、関係ベースの信頼を築くための手段として活用されます。会議ではなかなか話しづらいことも、飲み会のリラックスした雰囲気なら言える場合があります。信頼が深まり、よりよいビジネス関係が築かれるのです。一方で、アメリカは成果を重視し、短期間でビジネスを進めるため、個人的な感情や関係性はあまり重視されません。

日本の「タテ社会」と同様アメリカの「ヨコ社会」という文化が信頼構築にも大きく影響しています。ヨコ社会とは、年齢や地位にかかわらず、対等な関係が重視される社会です。アメリカでは、ビジネスパートナーや同僚との間で上下関係が強調されることは少なく、平等な立場での対話や迅速な意思決定が求められます。このため、仕事で成果を出すことで信頼を得るのが一般的です。

ちなみにマレーシアでは、多様な民族（マレー系、中国系、インド系）と宗教が共存しており、信頼構築の方法にもその影響が見られます。全体としては、関係ベースの信頼とタスクベースの信頼のバランスが取れていますが、特にマレー系の文化では、食事会などを通じて、お互いを理解し合う時間が不可欠であり、ハラール（イスラム教の食事規定）に配慮した形での接待が信頼を築くための大切な要素となります。

考えてみよう

あなたは他人を信頼するとき、仕事の成果を重視しますか？　それとも時間をかけて関係を築くことを重視しますか？

中国でのエピソードです。ある日本企業の経営者が中国の取引先と初めてビジネスの交渉を行ったときのことです。

日本では、交渉に入るとすぐに本題に移り、効率よく契約を進めるのが一般的ですが、中国での交渉は少し違いました。契約に至るまでに、何度も食事や飲み会が開かれましたが、そこでの話題はビジネスの内容ではなく、お互いの家族や趣味、故郷の話など、プライベートに関する雑談が中心でした。

日本の経営者は、少し戸惑いを感じました。「こんなに飲んでばかりで、いつになったらビジネスの話ができるのだろう?」と思っていたのです。彼にとっては、これらの食事や飲み会がビジネスの本題とは関係のない、ただの時間のムダに感じられました。しかし、中国ではこうした場こそが大切で、ビジネスの基礎となる「関係ベースの信頼」を築くための重要な時間だったのです。

お酒が進む中で、中国側の経営者は次第に日本の経営者を「兄弟」と呼び始め、距離が縮まっていきました。食事や飲み会を通じて、単なる取引相手以上の信頼関係が生まれていったのです。ムダに思われた時間も、実はビジネス交渉の準備段階であり、お互いの信頼を深めるためのプロセスだったわけです。

そして、十分に信頼関係が築かれたと感じたとき、ようやく契約の話が本格的に進められました。日本の経営者は、この経験を通して、中国ではビジネスを進める上で感情的な信頼がいかに重要であるかを実感したといいます。

異文化理解の処方箋

タスクベースの国の人々が関係ベースの国の人々とうまく付き合うためには、相手の文化的価値観を理解し、適応することが重要です。もちろん、その逆でも同様です。

●タスクベースの人が関係ベースの人とうまく付き合う方法

タスクベースの人が関係ベースの人とうまく付き合うためには、以下のような心がけが必要でしょう。

・**時間をかけて交流する↓**ビジネスの本題に入る前に、何度も顔を合わせ、雑談や食事、飲み会を通じて相手と親密な関係を築くことが重要なプロセスであると理解しましょう。

・**個人的な興味を示す↓**相手の家族や趣味、背景について尋ねるなど、個人的な興味を示すことで、関係ベースの人とは信頼感が増していきます。

・**忍耐強くなる↓**交渉や決断に時間がかかることを理解し、焦らずに待ちます。相手が自分を信頼できると感じるまで、ビジネスの本題には触れないほうがよい場合も多くあります。

焦って結論に飛びつくよりも、時間をかけて関係を築くほうが、結果的によい成果を得られます。「急がば回れ」は、関係ベースの人との付き合いにぴったりの言葉です。

●関係ベースの人がタスクベースの人とうまく付き合う方法

関係ベースの人がタスクベースの人とうまく付き合うポイントは、何より業務や効率を優先する文化に適応することです。タスクベースの相手には、より直接的で目標に集中したアプローチが効果的です。

・**効率性を重視する**↓タスクベースの文化では、時間管理や効率性が重視されます。関係ベースの文化の人も、ビジネスの場では迅速な意思決定や行動を心がけると評価されます。

・**個人の成果を認める**↓タスクベースの人は、個人の能力や成果を重視します。関係ベースの人も、相手の仕事ぶりや成果をしっかりと評価し、認めることで信頼が深まります。

・**プロフェッショナリズムを維持する**↓タスクベースの文化では、仕事とプライベートを分ける傾向があります。関係ベースの人も、ビジネスの場ではプロフェッショナルな態度を保つことで、円滑なコミュニケーションが図れます。

タスクベースの文化では、まずは目に見える成果を出すことが、信頼を築くための第一歩となります。タスクベースと関係ベースに優劣はありません。双方のアプローチを理解し、それぞれの文化に応じた信頼構築の方法を実践することが成功の鍵です。

ホームパーティーが交流の場に

私が海外で暮らして気づいたのは、「ホームパーティー」が信頼を築くための大切な場となっていることです。特に欧米諸国では、同僚やクラスメートを自宅に招待し、リラックスした雰囲気で、個人的な信頼を築くことが一般的です。

一方で、日本にはホームパーティーの文化があまり根づいておらず、職場以外での付き合いが薄いことが特徴です。仕事相手を家庭に招く機会は少なく、信頼構築の場としては飲ミュニケーションや外での食事が主流です。

日本人には慣れない習慣ですが、外国ではホームパーティーが重要な役割を果たすため、招かれたら積極的に参加しましょう。楽しく参加することで、タスクベースの人とも心のつながりを深めることができます。

8 対立の指標

私たちは日々の生活で友人や家族、職場の同僚と意見が食い違う場面にしばしば出会います。友人同士の食事の選択、家族内での休日の過ごし方、また職場でのプロジェクトの進め方など、どんな集団であれ意見の相違が生じることは避けられません。

こうした**対立**（Disagreeing）の解決方法や受け止め方は文化によって大きく異なります。メイヤーは、対立の指標がどのように文化ごとに異なるかを分析し、特に対立の捉え方に注目しました。この違いを理解することは、異文化間での円滑なコミュニケーションと関係構築に役立ちます。

「対立容認型」か「調和重視型」か？

対立の指標は、異文化間で意見の相違や対立がどのように受け止められるかを理解する重要な枠組みです。対立をどのように扱うかは文化により大きく異なるため、コミュニケーションや意思決定の場面で誤解が生じやすい部分です。対立が好ましいものとされるか、それとも避けられるべきものとされるかにより、大きく「**対立容認型**（Confrontational）」と「**調和重視型**（Conflict-Avoiding）」の2つのタイプに分かれます。

●対立容認型文化

意見の違いや対立をオープンに表現する文化です。この文化では、対立や意見の衝突は議論や討論の一部として歓迎されます。重要なのは、「対立＝個人攻撃」とは見なされない点です。むしろ、対立は議論を深め、良い結果を導き出すための手段だと考えます。

私が所属するNGOの世界会議でドイツを訪れた際のことです。ドイツの文化では、会議やディスカッションで他人の意見に反対することが自然であることを実感しました。

これは、哲学者ヘーゲルの弁証法に見られる「**アウフヘーベン**（**止揚**（しよう））」の考え方が影響しています。ドイツでは、意見の対立は議論を深めるための重要なプロセスと捉えられており、ある意見（**テーゼ**）に反対意見（**アンチテーゼ**）をぶつけることで議論が活性化し、よりよいアイデアや解決策（**ジンテーゼ**）が生まれると考えられています。日本の調和を重んじる会議スタイルとは対照的であり、私にとって異なる視点の重要性を学ぶ貴重な機会となりました。

■「弁証法」とは？

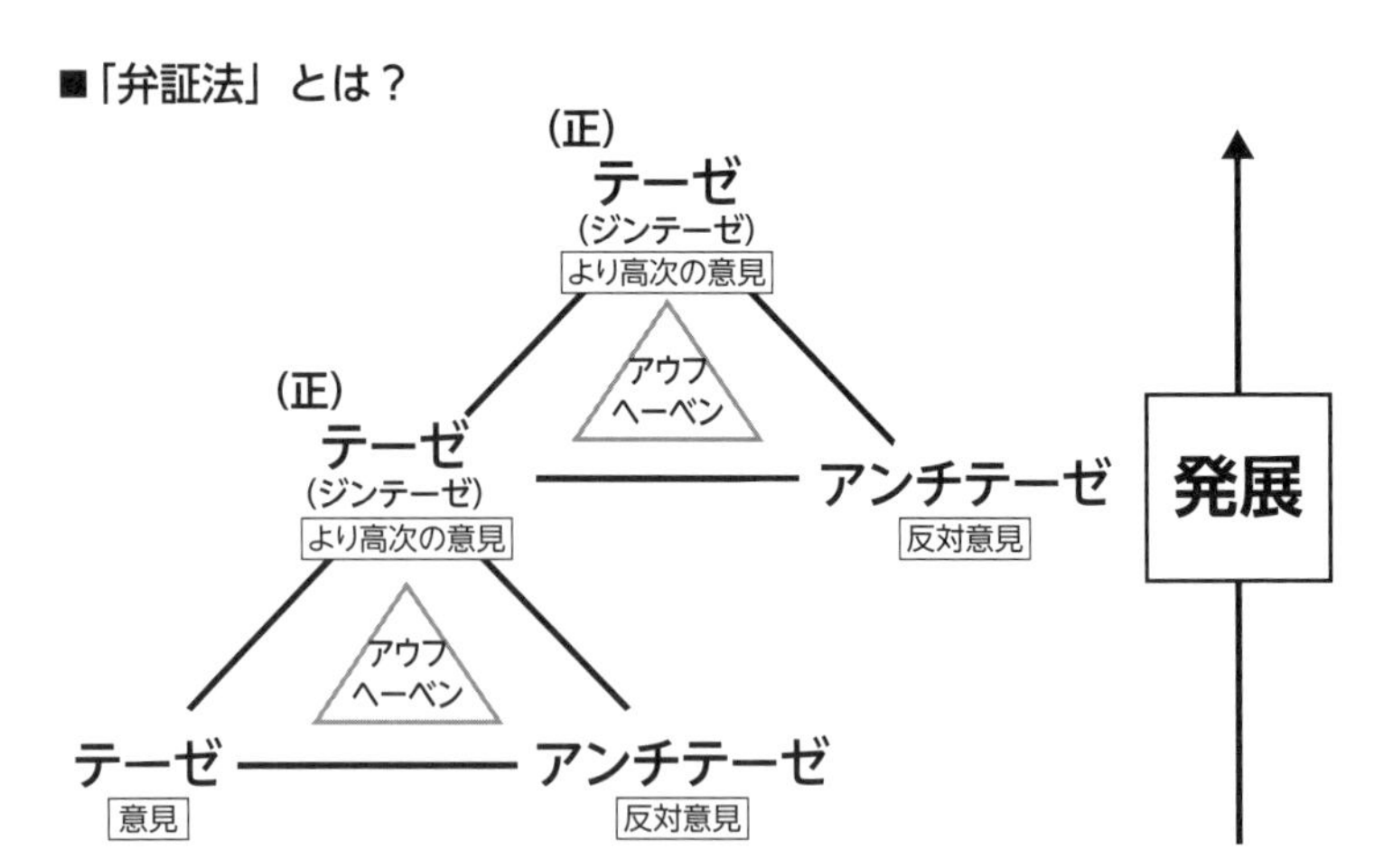

●調和重視型文化

一方、調和を重視する文化では、意見の違いはあまり表に出ません。意見が異なる場合でも、それを直接言わないか、もしくは非常に控えめに表現します。「和（調和）」を維持することに価値感が置かれるため、表面上は皆が合意しているように見えることがよくあります。

日本が「和」を尊重する文化になった背景には、稲作を基盤とした社会構造と生活環境が深くかかわっているとされます。稲作は大量の水を必要とするため、村全体で灌漑設備を整備し維持するなど協働作業が不可欠でした。

この過程で自然に生まれたのが、個人よりも集団の利益を重視する集団主義です。また、台風や地震といった自然災害が頻発する日本では、協力して困難に立ち向かう姿勢がさらに強化されました。

和を乱す行為に対しては「**村八分**」のような排除

の論理が働きます。このような背景から、自己主張よりも全体の調和を優先し、他者との関係を重視する傾向が日本文化に形成されました。

対して、西洋ではムギの栽培が主流です。ムギはコメほど栽培が難しくなく、比較的少人数でも生産可能です。収穫や管理が容易であるため、協働作業の必要性は稲作ほど強くありません。この環境が個人の独立を尊重し個人主義を育む土壌をつくり上げました。結果、西洋では自己主張や権利の主張が社会的に受け入れられやすくなり、日本との文化的な違いが際立ったのです。

こうした歴史的・地理的要因は文化の形成に大きな影響を与えます。そして、意見の対立は調和を乱すものと捉える日本と、それを建設的な議論の手段とする西洋との違いは、今日の異文化間のコミュニケーションにも影響を及ぼします。

日本と各国の比較

日本や中国では、会議の場で他人の意見に直接反対することは避けられる傾向にあります。対立を表明することは、相手に恥をかかせたり、場の雰囲気を壊したりする恐れがあるからです。相手と意見が違っても、控えめに同意するような反応を見せることが多くあります。このような調和重視型の文化では、表面上は同意しているように見せかけ、意見の違いは裏で話し合われたりするなどして、後で間接的に調整されることがよくあります。

考えてみよう

仕事やプロジェクトで意見の対立が起きたとき、どちらか一方の意見を採用する以外にどんな解決方法があるでしょうか？

私がオックスフォード大学に留学していたとき、教育哲学の授業で「教育とは何か？」というテーマでディベートをしました。参加者は、イギリス人のアレックス、メキシコ人のゴンザロ、そして日本人の私でした。

まず、数学専攻でオペラ歌手でもあるアレックスが自信たっぷりに「教育とは、生徒に知識を詰め込むことではなく、批判的思考を養うことだ」と持論を展開しました。彼の主張は理路整然としており、まさにイギリスの教育に根づいた、自由で論理的な思考を尊重するスタイルでした。

続いて、メキシコ人ジャーナリストのゴンザロが強烈な反論をしました。ゴンザロは情熱的に「それは理想論だ！　教育とは現実的に、社会で役立つスキルを身につけさせることだ。批判的思考だけでは現実社会で生きていけない」と、アレックスの意見を鋭く批判しました。2人の間で火花が散り、言葉の応酬がエスカレートする中、私はただ茫然と聞いているだけでした。

そして、最後にいよいよ私の番です。日本の文化に根づいた間接的な表現に慣れていた私は、どう2人の議論に割って入るべきか迷いましたが、思い切って次のような主張をしました。

「アレックスとゴンザロ、どちらの意見にも正しい部分があります。教育には、批判的な考え方も、実際に役立つスキルも、両方が必要です。どちらか一方だけでは十分ではありません。結局、教育というのは、この2つをうまく組み合わせて、知識と実践をバランスよく統合することではないでしょうか？」

これはオックスフォードのチュートリアルスタイルとも通じるもので、異なる意見をぶつけ合いながらも、最終的にはより深い理解に至るプロセスを象徴していました。オックスフォードのチュートリアルは、少人数（通常1～3人）の学生と教員による対話式の個別指導のスタイルです。学生は毎週エッセイを書き、それをもとに議論やフィードバックを行います。深い思考力と自律的な学習姿勢が求められるのが特徴です。

30年経った今でも、あのときの光景は鮮明に記憶に残っています。そして現在では、このディベートの手法を私が大学のゼミの授業などに取り入れています。

異文化理解の処方箋

一般的に意見が対立した際に、人々が取る典型的な行動パターンには、次の5つがあります。これらは、個人の性格や状況、文化背景によって選択されることが多く、それぞれに長所と短所があります。

①競争・強制

自分の意見や要求を押し通す方法です。相手の意見や感情を無視し、目的達成を最優先にすることが特徴です。この行動パターンは、短期的な目標達成には有効ですが、対立の激化や人間関係の悪化を招く可能性があります。ビジネスシーンでは、リーダーがこの手法を取るケースが多く見られますが、信頼関係が損なわれるリスクもあります。

利点：短期的に目的が達成できる。

欠点：相手との関係が悪化する可能性が高い。

②回避

対立そのものを避ける行動です。問題や争いを無視する、またはかかわらないことで自分を守るために用いられます。緊急性のない問題を取り扱う際や感情的な場面を回避する際に有効ですが、長期的には問題の解決を先送りにしてしまう危険性があります。日本などの集団主義文化では、回避はよく見られる行動パターンです。

利点：短期的には感情的な対立を避けられる。

欠点：根本的な問題が解決されないまま放置されることが多い。

③妥協

両者が互いに譲歩し合い、ある程度の利益を分かち合う形で問題を解決する方法です。互いの意見を取り入れようとするため、早期解決には有効ですが、完全な満足が得られないこともあります。特に、時間や資源が限られている場合に選ばれます。

利点：双方が一定の満足を得られる。

欠点：誰もが完全には満足しない可能性がある。

④協力

両者が問題に対して真摯に向き合い、互いに満足のいく解決策を探し出す方法です。ただし、オープンな対話や相手の意見への理解が必要で、時間がかかる場合もあります。長期的な関係構築や信頼を大切にする場合には、この方法が最も効果的です。

利点：長期的に信頼関係を強化し、持続可能な解決策が得られる。
欠点：時間と労力を要するため、即時解決には不向き。

⑤譲歩（適応）
相手の要求を優先し、自分の意見や利益を後回しにする方法です。対立を避けて、関係を維持することを優先する場面でよく見られます。相手との関係を重視する場合や、相手が力関係で優位に立っている場合に採用される傾向にありますが、自分の意見がないがしろにされることで不満が蓄積する可能性も高まります。
利点：相手との関係を円滑に保てる。
欠点：自分の意見が無視され、不満が溜まる可能性がある。

このうち、日本では「回避」や「譲歩」といった対応が好まれる一方で、欧米諸国では「競争・強制」や「協力」を重視する傾向があります。相手とその状況に合わせて、適切な方法をチョイスしましょう。

9 スケジューリングの指標

Cross-cultural understanding

異文化の人々が集まる場では、時間の使い方やスケジュール管理に対する考え方の違いをしばしば目にします。約束の時間に厳しく、1分1秒の遅れを気にする人もいれば、多少の遅れを気にせず柔軟に対応する人もいます。

時間に厳しい人は、スケジュール通りに進むことが信頼や責任感の証と感じるのでしょう。一方で、時間に寛容な人は、その場の状況や人との関係を優先することが大切だと考えます。

こうした時間の捉え方の違いは、文化によってさらに顕著に表れます。『異文化理解力』では、**スケジューリング**（scheduling）の指標を通じて、時間に対する価値観の違いがどのようにコミュニケーションや仕事に影響を与えるかを明らかにします。

「直線的な時間」と「柔軟な時間」

時間に対する感覚や価値観も、文化による影響を受けています。ある文化では、時間厳守が信頼や効率の象徴とされ、計画通りに進行することが重視される一方、別の文化では、時間よりも人間関係や状況に応じた柔軟性が優先されます。こうした「時間感覚」の違いがしばしば誤解や摩擦の原因となります。したがって、異文化間での成功には、各国の時間に対する感覚の違いを理解し、適切に対応することが不可決です

カルチャーマップにおけるスケジューリングの指標は、文化による時間管理や時間の使い方に関する違いを分析するための概念です。スケジューリングにおける時間に対する考え方は、「**直線的な時間**（Linear-time）」と「**柔軟な時間**（Flexible-time）」に分類されます。

●「直線的な時間」の文化

ドイツやアメリカでは、時間は貴重な資源と見なされ、仕事や会議は計画通りに進行することが大切とされます。時間通りに物事を進めることは信頼や効率の証であり、特にビジネスの場では遅刻や予定変更が「相手を軽んじている」もしくは「仕事の優先順位が低い」というサインと見なされる可能性があります。彼らはスケジュールに忠実であることが、組織の成功につながると考えているのです。

●「柔軟な時間」の文化

インドやサウジアラビアでは、時間に対する考え方はもっと柔軟であり、スケジュールその

ものよりも、状況に応じて対応することが重要視されます。人間関係やその場の雰囲気に合わせて、予定が変更されることもしばしばです。

相手が会議やビジネスの約束に遅れたとしても、「その人には何かもっと重要なことがあるので遅れたのでしょう」と考えて、「許しましょう（また自身も許して欲しい）」となります。

このような文化では、重要な話し合いや決定が行われる場などでは、時間をオーバーすることが許容されます。彼らにとって、時間を守るより、質の高い対話や関係構築が大切なのです。

日本と各国の比較

カルチャーマップによれば、日本のビジネス文化は基本的には直線的な時間に入りますが、場合によっては柔軟な時間も見られます。日本では、会議の開始時間は非常に厳格で遅刻は厳しく批判されますが、終了時間に関してはあまり厳密でないことが多く、しばしば予想よりも長引きます。この「**始まりは正確だが、終わりは柔軟**」という日本の特徴は、外国人ビジネスパーソンにとってわかりにくく、混乱を招くことが多いようです。

ドイツやアメリカのビジネスパーソンは、時間通りに会議を始める日本の習慣に感銘を受けますが、会議の終了時間が曖昧な点にはストレスを感じます。彼らの文化が厳格なスケジューリングを重視するためです。

考えてみよう

仕事や海外旅行また留学中などに、時間に対する文化の違いを感じた経験はありますか？　またその違いにどのように適応しましたか？

東京外国語大学の私のゼミでは、よく留学生たちとパーティーを催しますが、パーティーの開始時間にも文化の違いが見られます。

パーティーの開始時間が午後7時だとすると、日本人学生や他のアジアの学生は、7時より少し前に到着し、開始時間には全員が揃うのが一般的です。むしろ少し早く到着して主催者を手伝うことも、礼儀正しいと考えられています。

一方で、スペイン（他にもイタリアやブラジルなども）の留学生で、7時に到着する人はほとんどいません。多くのスペイン人は1時間から2時間ほど遅れて到着するのが普通です。スペイン文化において、パーティーの開始時間はあくまで目安であり、到着時間にあまり厳密ではないことが理由です。時間通りに着くと「せっかち」だと思われることさえあります。

日本人がスペインのパーティーに参加する際、主催者がまだ準備中のところに現れてしまい、気まずい思いをすることもあります。逆に、スペイン人が日本のパーティーに遅れて参加した際には、日本人全員がすでに揃っているのを見て驚くかもしれません。時間に関する文化的な違いは、ユーモラスで興味深いエピソードを生むことも多くあります。

異文化理解の処方箋

直線的な時間文化の人々と柔軟的な時間文化の人々がうまく付き合うためには、お互いの時間に対する感覚の違いを理解し、柔軟に対応することが鍵です。それぞれの立場での対処法を見ていきましょう。

直線的な時間文化の人が柔軟な時間文化の人と付き合う方法

●時間通りに物事が進まないことを想定する

柔軟な時間を持つ文化では、会議や約束が予定通り進まないことも多いため、ある程度の時間の余裕を持って計画を立てることが重要です。会議やパーティーが少し遅れて始まることを想定しておくと、余計なストレスを感じずにすみます。

●人間関係を優先する

柔軟な時間文化では、時間よりも人間関係やその場の状況が優先されます。スケジュールが多少ずれても、相手との関係を深めることに重きを置くことで、長期的な信頼関係を築くことができます。

●適切なリマインダーを活用する

もし、どうしても時間を厳守したい場合は、柔軟な時間文化の人に対して、会議や約束の前にリマインダーを送るのも1つの手です。これにより相手が時間を守りやすくなります。

柔軟な時間文化の人が直線的な時間文化の人と付き合う方法

●事前にスケジュールを共有する

直線的な時間文化の人は、事前にしっかりと計画を立て、それを守ることを重視します。柔軟な時間文化の人も、会議やプロジェクトを始める前にスケジュールを具体的に共有し、各タスクにどれだけ時間がかかるかを相手に伝えることで、スケジュールに対する共通認識を持つことが可能になります。これにより、相手も安心して進行でき、プレッシャーを和らげることができます。

●時間管理ツールを活用する

柔軟な時間文化の中にいると、厳密にスケジュールを管理する必要性をあまり感じないかもしれません。しかし、直線的な時間文化の人と効率よくコミュニケーションを図るためには、時間管理ツール（カレンダー、タイマー、リマインダーなど）を活用し、時間の進行を把握することが効果的です。これにより、柔軟的な時間文化の人も、相手の期待に応えることができます。

●適度な柔軟性を持つ

柔軟な時間文化を持つ人々は、時間通りに進む状況でもあまりストレスを感じません。相手のスケジュールや計画に合わせつつも、適度に自分の予定を柔軟的に調整することによって、スムーズなコミュニケーションを図ると同時に、自分の時間感覚を尊重できます。

授業や会議などに遅れないよう時間を守ることは確かに大切です。しかし、その時間感覚を友人などとの関係にまで適用するのは適切ではない場合もあります。

時間感覚の違う友人との集まりやプライベートな関係では、相手が遅れても柔軟に対応し、リラックスした雰囲気を大切にすることが重要です。あまりに厳密に時間を守ることにこだわると、かえって友人にプレッシャーを与えてしまい、信頼関係を損なうことがあります。

カルチャーマップを異文化理解に生かそう

Cross-cultural understanding

これまで見てきたようにメイヤーのカルチャーマップは、異文化間でのビジネスやコミュニケーションがいかに異なるかを明らかにしています。

文化の違いは、誤解や対立を引き起こすことが多いため、マップを使ってそれらを予測し、柔軟に対応できる力を養うことが最大の利点です。

留学や国際ビジネスに際しては、8つの指標における自身の文化的立ち位置を把握し、相手の文化との違いを理解しましょう。

さらに、実際のコミュニケーションの場では、違いに配慮しつつ、柔軟に対応するようにしましょう。例えば、リーダーシップスタイルがフラットな文化と階層的な文化の間で違いがあることを理解しておけば、適切な意思決定プロセスや会議の進行方法を選択することができます。また、信頼を築く方法や、意見の相違を解決する手法も異なるため、相手の文化背景に合わせたアプローチが重要になります。

●カルチャーマップの課題

たしかにカルチャーマップは異文化理解にも有効活用できますが、今後の課題も残っています。

まず、文化も変化します。特にデジタル化やリモートワークの影響で、従来の文化的傾向が変わるかもしれません。また、個々人の多様性をどう捉えるかも重要な課題です。国全体の傾向だけでなく、個人の背景や価値観にも配慮することが求められます。

カルチャーマップの知見はまだまだ、企業や教育現場でうまく活用されていません。今後は、異文化理解に基づいた研修プログラムの導入や、カルチャーマップの各指標に基づいたケーススタディの共有がより進められていくことでしょう。

例えば、リーダーシップやフィードバックの違いをテーマにしたワークショップを行い、学生や社員が自国のスタイルと他国のスタイルを比較し、異文化間での効果的なコミュニケーション方法を学ぶ場をつくっていく。それらが普及すれば、より一層、異文化理解が進むと思われます。

本章のまとめ

本章では、「カルチャーマップ」で提唱されている8つの指標を通じて、文化によるコミュニケーションの違いについて学びました。

- **コミュニケーション**……明確な言葉で伝えるローコンテクストと、暗黙の了解を重視するハイコンテクストの違いを理解する。
- **フィードバック**……直接的なフィードバックと間接的なフィードバックのバランスが、文化によって異なることを学ぶ。
- **説得**……理論重視型と応用重視型のアプローチの違いが、説得力にどのような影響を与えるかを考える。
- **リーダーシップ**……フラットな平等主義的構造と明確な階層構造を持つリーダーシップスタイルの違いが、チーム運営に与える影響を分析する。
- **意思決定**……コンセンサス型の意思決定とトップダウン型の意思決定の違いを理解し、それぞれの利点と課題を探る。
- **信頼構築**……タスクベース型と関係ベース型の信頼構築の違いが、人間関係にどのように影響するかを体験的に学ぶ。
- **対立**……対立を建設的に活用する文化と、対立を避ける文化の違いが議論に与える影響を考える。
- **スケジューリング**……直線的な時間文化と柔軟な時間文化の違いが、タスクの進行やストレスにどのように影響するかを探る。

第6章

Cross-cultural understanding

異文化コミュニケーション克服法

これまで、異文化理解やコミュニケーションに関するさまざまな理論と事例を通じて、言語や非言語のコミュニケーションの難しさを考察してきました。特にメイヤーの「カルチャーマップ」では、８つの指標で分析し、日本と外国との違いを浮き彫りにしました。こうした文化的ギャップを理解することは、異文化理解に不可欠です。

ここからは、異文化理解をさらに進めるための具体的な方法に加え、困難に直面した際の対処法についても深く掘り下げていきます。さらなる理論や事例に基づく説明に加え、私自身の留学や教育現場での経験などをもとに、異文化理解を深めるためのヒントをお届けします。

エポケー（判断保留）

異文化交流の場では、相手の態度や行動が私たちの常識と違っていたり、予想外の反応を示されたりして、戸惑いやカルチャーショックを感じることがよくあります。その違いに腹が立ったり、イライラすることもあるでしょう。こんなとき、どうすればよいのでしょうか？

1つの方法として、一旦、自分の判断をやめてみるというアプローチがあります。私たちが普段持っている先入観や価値観を一度脇に置くのです。それにより新たな気づきや理解が生まれるかもしれません。これは、「**エポケー**（epochē）」と呼ばれる哲学的な概念に基づいています。

エポケーとは？

エポケーは、もともと古代ギリシャ語で「停止」や「中断」を意味し、現代哲学、特に現象学において重要な概念です。

哲学者エドムント・フッサールが現象学の基礎として提唱したエポケーは、「判断の停止」や「保留」を指し、私たちが普段抱いている前提や先入観を一時的に脇に置くことを目指しています。このプロセスによって、ある対象や経験を先入観なしでそのまま純粋に見つめ、本質を捉えることが可能になります。

エポケーで先入観を脇に置く

異文化に触れるとき、どうしても自分の文化の常識や価値観で物事を判断してしまいがちですが、これでは本当に相手の文化を理解することはできません。そこで、エポケーを使うわけです。すると、相手の文化や行動をそのまま受け止めやすくなり、相手の文化に込められた大切な意味や価値観をより深く理解できるようになります。

考えてみよう

異文化理解においてだけでなく、職場や学校など日常生活の場面でエポケーを実践することが役立つと感じる状況を挙げてください。

日本の「お辞儀」文化は、非常に繊細で重要な非言語コミュニケーションです。

日常の挨拶や感謝の表現としてお辞儀を使うことは当たり前であり、その角度やタイミングなどは、相手との関係性によって微妙な違いがあります。一方、欧米の文化では、握手やハグがより一般的な挨拶の方法です。日本人にとって、握手やハグは少し親密すぎたり、身体的な距離が近いと感じられるかもしれませんが、これらは相手に対する親しみや信頼を表す重要な表現です。

ここでエポケーの考え方を使います。お辞儀文化が当然だという判断を一時的に保留し、なぜ欧米の人々が握手やハグを重視するのかを考えてみるのです。

例えば、握手は古代ギリシアやローマ時代にさかのぼり、武器を持っていないことを示す平和的なジェスチャーとして始まったといわれています。また、ハグは家族や親しい友人との親密さや温かさを伝える手段です。これらの行為の背後には、歴史と社会的な意味が込められているのです。

私も友人に初めてハグをされたとき、「どうしてそんなに近づくの？」と驚いた経験がありますが、その後エポケーを取り入れ、「歓迎」や「友好」の意図でハグをしていたことに気づいたものでした。

世界には、他にもユニークな挨拶方法があります。インドでは手を合わせて「ナマステ」と挨拶することが一般的ですし、ニュージーランドのマオリ族には、互いの鼻を軽く触れ合わせる「ホンギ」という挨拶があります。このような多様な挨拶文化を知り、エポケーの概念を用いることで、異文化への理解が一層深まるのです。

読者の皆さんもぜひ、エポケーの習慣を身につけてください。自分の価値観に気づくことで冷静に異文化に向き合い柔軟な視点を持つことにもつながります。

エポケーを実施する際のポイント

判断を停止する際、深い呼吸を意識的に取り入れると、うまくエポケーを行うことができます。特に緊張や戸惑いを感じたときには、深く呼吸をして、自分の心をリセットすれば、冷静に観察できるようになります。

私はよく「**4-7-8呼吸法**」を行っています。まず、4秒かけて鼻からゆっくり息を吸い込みます。次に、7秒間息を止め、その後8秒かけて口からゆっくり息を吐き出します。このプロセスを繰り返すことで、心が落ち着き、感情的な反応を抑えられ、冷静に相手の行動や文化を観察する準備が整います。この呼吸法は、緊張感やストレスを感じたときに非常にも有効です。

2 アンガーマネジメント

異文化交流の場では、誤解や行き違いから怒りが生じることも珍しくありません。その場で適切に対応しないと、問題が深刻化し、大きな対立に発展する危険性があります。

こうした状況を未然に防ぎ、冷静に対処するためには「**アンガーマネジメント（怒りへの対処法）**」が不可欠です。本節では、怒りの正体や、各国における怒りの表現の違いについて考えます。具体的なアンガーマネジメントの方法についても考察します。

怒りの正体

「怒り」は誰もが経験する自然な感情の1つであり、私たちの日常生活の中でしばしば顔を出します。他人との意見が合わない、期待が裏切られたと感じたときなど、さまざまな場面で怒りが生じます。しかし、怒りは必ずしも単独で生まれるわけではありません。怒りの感情の裏側には、他の感情が隠されていることが多いのです。

実は、怒りという感情は、他の感情から生まれる「**二次感情**」とされています。恐怖や悲しみ、驚きなど、すぐに反応として現れる感情が「**一次感情**」で、怒りは一次感情に対する反応として起こることが多く、自分や他者の行動が期待通りにいかないときに感じやすいと考えられています。特に、恐怖や不安を感じたとき、それを怒りに変えて対処しようとする場面がよく見られます。

「怒り」に対する各国の考え方

怒りの表現は文化によって大きく異なります。例えば、日本では怒りの感情を表に出すことは、一般的に抑制される傾向があります。社会的な調和を乱す行動とされ、「我慢」や「忍耐」が美徳とされます。そのため、どれだけ腹立たしい場面でも、表面上は穏やかに見えることが一般的です。

一方、アメリカなどの西洋文化では、自己主張が重視されるため、怒りを表現することは自己の権利を守る手段と見なされます。職場や日常生活においても、意見の衝突や不満を明確に表現することが推奨されます。

アフリカのナイジェリアでは怒りの表現に独自の文化的特徴が見られます。ナイジェリア都市部やビジネスの現場では、怒りを率直に表すことが、自分の立場を明確に示し、相手との力関係を調整するための重要な手段と考えられています。この点では、アメリカと共通して「怒り=自己主張」として捉えられる側面もありますが、ナイジェリアでは怒りの表現が相手へのメッセージとしての意味合いをより強く持つ傾向があります。

ただし、ナイジェリア国内でも文化圏によって差があり、都市部と違って伝統的な地域社会では、怒りを露骨に出すことは好まれず、間接的に感情を伝えることが望まれる場面もあります。年長者や権威のある人物に対しては、怒りを抑え、敬意を示す態度が求められることが多いのです。

つまり、アメリカでは怒りの表現が個人の自由や自己防衛の一環として広く受け入れられているのに対し、ナイジェリアでは状況や相手に応じて怒りの出し方が柔軟に調整されるという点が、文化的な違いとして挙げられます。

考えてみよう

異文化の人と接した際、怒りや苛立ちを感じた経験はありますか？　そのとき、どのような対応をしましたか？

私のゼミの日本人の学生が、留学先で怒りを表現することに戸惑ったといいます。その学生は、アメリカで友人と口論になった際、相手が大声で怒りを露わにしたことに驚き、言い返すべきか黙っておくべきかわからなくなり、一旦沈黙したそうです。

しかし、アメリカではこの沈黙が誤解を招くことがあるのです。友人は彼の沈黙を「怒りの軽視」「問題の無視」と捉え、逆に不満が増幅してしまいました。アメリカでは、自分の感情や考えをはっきりと表現することが重視され、沈黙は不誠実さや逃避と解釈されることがあります。結果的に、事態がさらに悪化してしまったといいます。

こうした経験からこの学生は、怒りや不満を表現することが単なる感情の発散ではなく、建設的な対話の一部として重要であることを学びました。適切なタイミングで言葉にすることで、相手との誤解を防ぎ、問題を解決する糸口になると理解したのでした。

リフレーミング

「**リフレーミング**」は、ものごとを別の角度から捉え直す技術です。「枠組み（フレーム）を変える」という意味で、怒りを引き起こした状況を別の視点から見直すことで和らぐことがあります。「彼は私を故意に無視したのではなく、忙しかっただけかもしれない」と考えることで、怒りが軽減されるといった具合です。これは「**思考のリフレーミング**」と呼ばれます。

リフレーミングでよく使われる例が「コップの水」のメタファーです。半分まで水が入ったコップを見て、ある人は「半分しかない」と思い、別の人は「半分もある」と思う。どちらも

■「半分しか」か「半分も」か？

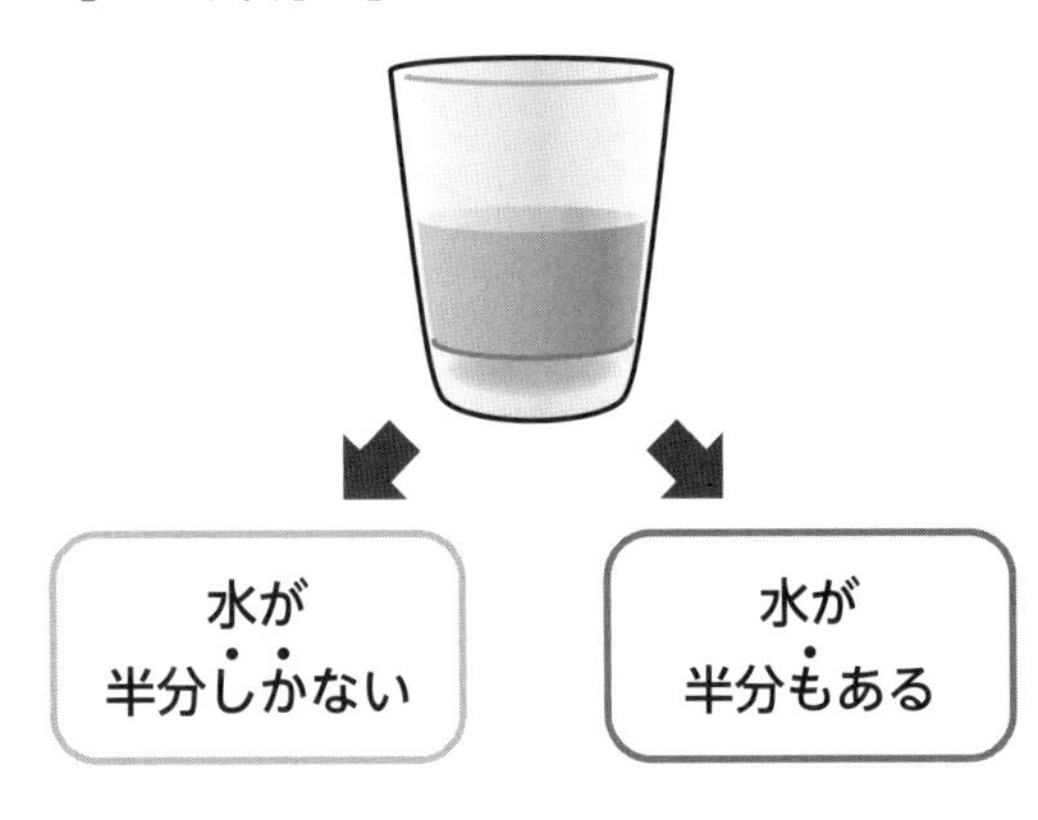

事実には変わりませんが、解釈の違いが感情や行動に大きな影響を与えます。このように、リフレーミングは私たちの考え方や感情を変える強力な手段となります。

「コップの水」のメタファーは文化によっても解釈が異なります。日本では、謙虚さや謙譲が美徳とされるため、「半分しかない」と考える人が多くなります。自分を肯定的に見ることにより、傲慢と捉えられることを避けるためです。また、日本の教育やビジネスの現場では、謙虚であることがしばしば評価の対象となるため、「まだまだ頑張らなければ」という意識が強調されます。

一方、西洋文化では、ポジティブな自己評価や成長志向を重んじることが多いため、「半分もある」という解釈が一般的です。失敗を恐れずに挑戦する姿勢が重要視されるからです。ビジネスにおいては「失敗は成功へのステップ」と捉える文化があり、失敗を「学びの機会」としてリフレームすることで、前向きな行動が促されます。

私がオックスフォード大学に留学したときのエピソードです。ある日、教授からエッセイに対する厳しいフィードバックを受けました。私は最初、「自分はまったく評価されていない」と感じ、深く落ち込みました。しかし、同じフィードバックを受けたカナダの留学生ジョンは、「これは自分を成長させるためのものだ」と前向きに捉えました。その姿を見て、次からはフィードバックを「自分を磨くための貴重なアドバイス」と考えるようになり、リラックスして学業に取り組むことができました。

リフレーミングは、アンガーマネジメントを上達させるのはもちろん、やる気を高めるのにも非常に有効な思考法の1つでしょう。

リフレーミングで時間軸を広げる

現在直面している問題が、一時的なものと捉え直すやり方もあります。「今は辛いけど、長い目で見ればこれも成長の一環だ」とリフレームすることで、困難な状況にも耐える力が湧いてきます。新しいスキルを学んでいるときも、最初のつまずきを「学びのプロセスの一部」として受け入れられるようになります。

3 DIEメソッド

すでに書いたように、私たちは日常的に目にする行動や状況に対して、自分の文化を基準に解釈します。それが、誤解の大きな原因となります。

例えば、外国人が日本の電車内は「静かすぎる」と感じるのは、文化的な価値観の違いを反映した興味深い現象です。日本では「周囲に迷惑をかけない」という考えから、静けさを保つことが一般的です。一方、ヨーロッパやアメリカでは、電車内でも会話や電話をすることが普通で、賑やかな雰囲気が特徴です。

異文化をより正確に理解し、円滑なコミュニケーションを図るためには、こうした文化的な違いを分析し、誤解の原因を明らかにするプロセスが必要です。その有効なツールが、「DIEメソッド」です。

DIEメソッドの概要

DIEメソッドは、異文化理解のフレームワークであり、Description（記述）、Interpretation（解釈）、Evaluation（評価）の3つのステップから成り立っています。異文化に接した際に生じる混乱や誤解を防ぐために開発され、文化間の相互理解を深めるために使われます。

①Description（記述）

最初のステップは、観察した事実を客観的に記述することです。先入観や感情を排除し、何が起こっているかを冷静に言葉にすることが重要です。日本のビジネス会議で、参加者が長い沈黙を保つ場面を見たとしましょう。ここでの記述は「会議中、誰もが沈黙し、しばらく発言がなかった」といったものになります。

②Interpretation（解釈）

次に、その行動や状況が何を意味しているかを考えます。この段階では、異なる文化背景からさまざまな解釈が生じる可能性があります。例えば、沈黙が続く状況を、外国人は「会話が滞っている」「準備不足」と解釈するかもしれませんが、日本文化では一般的に「深く考える

■DIEメソッドのステップごとの記入フレーム

ステップ	記入内容
Description （記述）	観察した事実を客観的に記述します。 例：「会議中、誰もが長い沈黙を保った」
Interpretation （解釈）	その行動や状況が何を意味しているかを考えます。 例：「沈黙は会話が止まったという意味かもしれない」
Evaluation （評価）	自分の感情や価値判断を明らかにします。 例：「沈黙をポジティブな時間として評価する」

時間」や「相手を尊重している時間」として理解されます。

③Evaluation（評価）

最後に、行動や状況に対する自分の感情や評価を明らかにします。つまり、自分がその行動をどのように感じ、どのような価値判断を下すか、です。沈黙を「ポジティブな沈黙」と評価する場合もあれば、「不快な沈黙」と評価する場合もあります。

ＤＩＥメソッドを使うことで、先入観や偏見を排除し、異文化の行動や状況を冷静に分析することができます。「記述→解釈→評価」の順序を守ることで、文化的な誤解を減らし、相互理解を促進することにつながります。それに加えて、多様な視点を持ち、異文化との対話をより豊かにする力を養うこともできるでしょう。

考えてみよう

異文化の行動や状況を目にしたとき、あなたはどのような順序で観察し、解釈し、評価していますか？　先に感情や評価が浮かぶことが多いですか、それとも事実を冷静に観察することを意識していますか？

日常で使えるDIEメソッド

DIEメソッドのことを、「それって国際会議とか大企業とかでしか使えないでしょ？」なんて思っていませんか？　でも実際には、スーパーマーケットでの買い物や友だちとの会話でも、このツールは驚くほど使えます。DIEメソッドを使って日常のちょっとしたモヤモヤを解消する方法をお教えしましょう。

カフェでコーヒーを楽しんでいたときのこと。隣に座っていた外国人観光客らしき男性が、店員さんからカウンターでコーヒーを受け取る場面を見ました。その際、外国人男性は一言も言わず、そのまま席に戻りました。そのとき、心の中で「え、『ありがとう』とか言ってもいいんじゃない？」とちょっとモヤモヤした。そんな場面を想像してみてください。

ここでＤＩＥメソッドの出番です。これを使えば、ただの「イライラ体験」を「異文化学習のチャンス」に変えられます。

●ステップ１：Description（記述）

まず、事実だけを記述します。この男性は、店員さんからコーヒーを受け取る際に何も言わなかった。それだけです。ここでは、「無礼だ」「お礼がない」という感情や評価を加えず、観察した事実だけを言葉にします。

●ステップ２：Interpretation（解釈）

次に、この行動の背景を考えてみます。「彼の文化では、店員には何も言わないのが普通なのかもしれない」「日本語でどうお礼を伝えるかわからなかったのかもしれない」「もしかして単に疲れていて気が回らなかったのかもしれない」などと、いくつか可能性を挙げてみます。

このステップでは、相手の行動を自分の価値観だけで判断せず、多角的に考えることが大切です。

●ステップ3：Evaluation（評価）

最後に、自分の感情を整理します。「何も言わないのは少し残念だと感じたけれど、それが文化背景や個人の事情によるものなら仕方ない」と考えると、最初のモヤモヤが少し解消されました。このステップでは、自分の価値観をしっかりと認識しつつも、他者を理解する視点を取り入れます。

皆さんもカフェやスーパーなどで外国人のちょっと気になる行動を目にしたら、ＤＩＥメソッドを試してみてください。「何で？」と思うその瞬間が、実は新しい文化や価値観に触れる入り口かもしれません。モヤモヤをただの違和感で終わらせるのではなく、ＤＩＥメソッドを活用して「面白い発見」に変えてみましょう。異文化理解は、ちょっとした日常の場面から楽しみながら広げられるものです。

4 アサーティブ・コミュニケーション

自分の意見や感情を相手に伝えることが、ときに難しいと感じる場面があります。友人に予定を変更してほしいと頼むとき、職場で上司に自分の考えを伝えるとき、または家族間で意見が食い違うとき、どう伝えればよいか迷った経験はありませんか？　相手を傷つけずに、自分の思いを正直に伝えるのはとても難しいことです。

異文化交流では、自分の意思をうまく伝えられないと感じることが多々あります。異なる文化背景を持つ相手とのやり取りでは、誤解やすれ違いが生じやすく、特に自分の意見を表明する際に、相手と摩擦を起こさないようにすることが重要です。

アサーティブ・コミュニケーションの概要

「アサーティブ・コミュニケーション（Assertive Communication）」は、相手を尊重しつつ、自分の意見や感情を率直に表現するための重要なスキルとして注目されています。日本をはじ

■コミュニケーションの３つのスタイル

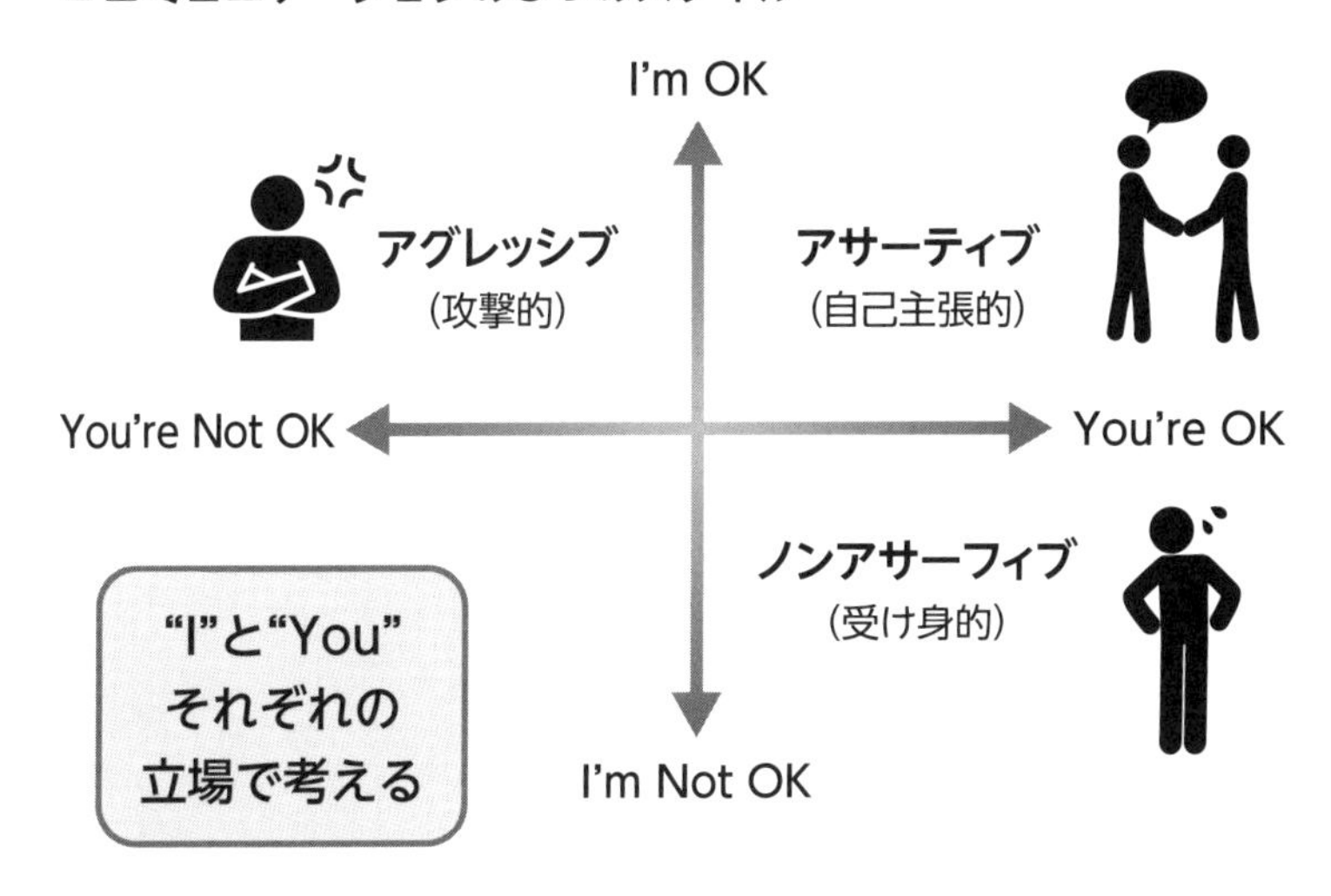

め多くの国で、このスキルが職場や個人間のコミュニケーションの質を高める手段として広がりを見せています。

アサーティブという言葉は、「自己主張する」ことを意味しますが、単に強く意見を押し通すのではなく、相手を尊重しながら自分の考えや感情を率直に表現することを指します。つまり、アサーティブな態度とは、自分の権利や感情を大切にしつつ、他者の権利や感情も尊重するバランスの取れたコミュニケーションの姿勢です。

この考え方の基礎は、心理学の理論に基づいています。心理学では、アサーティブな態度を持つことが自己主張と相手への配慮のバランスを取るために重要だとされます。

コミュニケーションのスタイルには、主に**アグレッシブ（攻撃的）、ノンアサーティブ**

（受け身的）、**アサーティブ（自己主張的）**の3つがあります。

アグレッシブなスタイルは、異文化の場面では、自分の意見を明確に伝えるために必要な場合もありますが、相手を圧迫しないよう注意が必要です。一方、ノンアサーティブなスタイルは相手に合わせやすい利点があるものの、自分の意見が埋もれてしまうリスクがあります。

アサーティブなスタイルは、自分を尊重しつつ相手への配慮も忘れないバランスの取れた方法で、いろいろな文化がある環境でも誤解を減らし信頼関係を築きやすい特徴があります。

自分がどのスタイルに偏りがちかを知ることはとても重要です。また、状況や相手に応じてスタイルを使い分けることも、異文化間のコミュニケーションでは必要になります。例えば、アグレッシブな主張が求められる文化もあれば、ノンアサーティブな態度が好まれる場面もあります。こうした柔軟性を意識することで、多様な相手との円滑な対話が可能になります。

考えてみよう

最近、自分の意見や感情を伝える際に、相手を気遣いすぎて言いたいことを我慢した経験はありますか？　その結果、どのように感じましたか？

アサーティブ・コミュニケーションのステップ

以下では、どのようにアサーティブ・コミュニケーションを進めればいいのかを、『異文化コミュニケーション・ワークブック』（八代京子・荒木晶子・樋口容視子・山本志都・コミサロフ喜美　2001）に基づいて説明します。

●ステップ① アクティブリスニング

「アクティブリスニング」とは、相手の話をしっかりと聞くことに重点を置いたコミュニケーション手法です。相手の言葉をただ聞くだけでなく、相手の感情や意図も理解しようと努めることが重要です。相槌を打つ、相手の言葉を繰り返すなどの方法で、しっかりと聞いていることを示します。これにより、信頼関係を深めることができます。

●ステップ② オープンクエスチョン

「オープンクエスチョン」は、相手に自由に考えを表現してもらうための質問形式です（118ページ参照）。具体的な答え（「はい」「いいえ」）を求めるのではなく、相手の考えや感情を引き出すことを目的としています。「この状況についてどう感じましたか？」といった質問がオープンクエスチョンに該当します。これにより、相手との対話が深まり、より多角的な視点が得られます。

●ステップ③ アイ・ステートメント

「アイ・ステートメント（I-Statements）」は、自分（I）の感情や考えを相手に伝える際に使う表現技法です。「私はこう感じる」というように、自分を主語にして感情を伝えることで、相手に対して非攻撃的な態度を保ちながら、自分の意思を明確に伝えることができます。

「あなたはいつも遅れるから困る」ではなく、「あなたが遅れると、私は予定通り進められないので困ります」といった形で表現します。

ここで簡単なアイ・ステートメントの練習をしてみましょう。

状況

パートナーと映画を見る約束をしていましたが、相手が寝坊して約束を破り、あなたは腹を立てています。

元の表現

「あなたはいつも約束を破るから、最低！」

アイ・ステートメントで言い換えると……

「私は、あなたとの映画を楽しみにしていたので、寝坊されてしまってとてもがっかりしています。約束を守ってもらえると嬉しいです」

「あなた」という主語を使わず、「私は～と感じた」といった形で自分の感情に焦点を当てましょう。相手を非難せずに、柔らかな雰囲気のコミュニケーションを図ることができます。

●ステップ④ 共感のアサーション

「**共感のアサーション**（Assertion）」は、相手の感情や立場に理解を示しながら、自分の意見を主張する方法です。共感を示すことで相手の感情を尊重しつつ、対話の中で自分の立場も伝えやすくなります。「あなたが忙しいことはよくわかりますが、それでもこの件については時間をつくってほしいです」といった具合に、共感と自己主張を組み合わせるのが特徴です。

次の線を引いた部分があるのとないのとでは、相手への印象が大きく変わります。

「このプランが非常に重要だということは私も理解していますし、締め切りを守ることが大切なのもよくわかっています。ただ、もう少し時間をいただければ、さらに質の高いプランを設計できると考えています」

● ステップ⑤ 相違の明確化

相違の明確化では、相手との意見の違いを認識し、その違いを具体的に話し合うことが重視されます。これにより、互いの考え方を整理し、建設的な議論が可能になります。「私たちはこの点で考え方が違うようですが、どのようにすれば妥協点を見つけることができるでしょうか？」といった形で、相違点を明確にしつつ、解決に向けたプロセスを進めることができます。

相違の明確化の例を挙げてみましょう。

「採用面接では編集職と聞いていましたが、今は営業職に配属されています」

このように、相違点を具体的に述べることで、相手に対して誤解や問題点を明確に伝え、解決に向けた話し合いを進めるための土台をつくります。

アサーティブ・コミュニケーションは、自分の気持ちや意見を伝えながら、相手のことも大切にできる効果的な方法です。このスキルを使うことで、無理をせずによい関係を築くことができるでしょう。日常の中で少しずつ取り入れてみると、心地よいコミュニケーションが増えていくはずです。

おわりに

「異文化理解」とは、単に文化の違いを受け入れるだけではなく、互いに新しい視点を共有し、共に成長していく過程です。相手を知ることで自分自身を知り、自分を知ることでさらに広い世界へと視野を広げることができます。そのプロセスに終わりはなく、常に新たな挑戦と学びがあります。

本書では、異文化理解を深めるためのさまざまな理論や事例を紹介するとともに、私自身の留学の際の経験や、東京外国語大学での25年以上にわたる教育実践、さらに国際会議や学会発表の場でのエピソードを取り入れました。これらを通して、異文化理解をより身近で具体的なものとして感じていただけるよう工夫しました。

また、できるだけわかりやすく伝えることを心がけ、専門用語に頼りすぎず、多くの方に興味を持っていただけるように配慮しました。本書の各章には「考えてみよう」や「実践してみよう」といったコーナーを設けています。これらを、日常生活や仕事で実践し、自らの知識やスキルとして磨き上げていただくためのヒントとなることを願っています。

本書でお伝えした内容は、異文化理解を深めるための手がかりのほんの一部にすぎません。異文化との出会いは奥深く、どれほど学んでも新たな発見が尽きることはありません。その中でも、私自身が特に重要だと考えたテーマを厳選し、読者の皆様にぜひ知っていただきたいことを中心にお届けしました。

異文化理解は、私たちそれぞれの経験や感性、視点によって形づくられるものです。ぜひ、皆様自身の生活や旅、仕事の中で得た経験を加え、本書の内容をもとにして、独自の理論やスキルを育てていただきたいと思います。きっとより深い学びへとつながる鍵となるでしょう。


私が教鞭を執る東京外国語大学は、学生に対してまさに「世界」を舞台に活躍する場を提供しています。本学では「留学200％」という目標を掲げ、在学中に短期・長期の留学を2回経験することを推奨しています。その結果、学生たちは欧米はもちろんのこと、アフリカや中東、東南アジアといった多様な地域への留学にも果敢に挑戦しています。

例えば、1人でアフリカの地を踏み、現地の人々との交流を通じて新たな視点を得る学生や、中東諸国での活動を経て国際関係の専門家を目指す学生がいます。

また、国連のインターンシップで難民支援に携わったり、フィリピンのスモーキーマウンテンで子どもたちのためにレンガづくりの校舎を建てたりと、その行動力と情熱には目を見張るものがあります。ラオスで象乗り免許を取得するというユニークな経験を持つ学生もいました。

彼らの視野と行動力は多岐にわたります。卒業後は海外大学院への進学や外資系企業への就職を果たす学生も多く、留学で培った経験を糧に、日本と世界をつなぐ懸け橋として活躍しています。

一方で、日本に来る外国人留学生たちも、日本文化に触れる中でその魅力に惹かれ、生活様式や価値観が大きく変化するケースも少なくありません。中には、学部での交換留学を終えた後、再び修士課程の正規生として来日し、日本での学びをさらに深める学生も多くいます。

「タタミゼ（tatamiser）」というフランス語があります。日本の畳（tatami）に由来する言葉で、本来の意味は「畳を敷く」という動作を指しますが、比喩的に使われる場合、日本文化や日本的な価値観になじむこと、または日本化することを表すようになっています。日本の習慣や美意識を受け入れて生活に取り入れることを「タタミゼ」と表現するのです。

海外に挑む日本人学生、そして「タタミゼ」を実践する留学生――彼らの姿を見ていると、異文化理解とは単なる学問ではなく、タタミゼのような生きた経験と実践の積み重ねであることを改めて実感します。彼らの挑戦は、私自身にも新たな刺激を与えてくれるものであり、その精神を少しでも反映したいという思いでこの本を執筆しました。

本書の出版に際し、お世話になった皆様に心よりお礼申し上げます。

まず、本書の出版を担当していただきました株式会社日本実業出版社編集部の細野淳様には、企画段階から出版に至るまで、終始丁寧にご指導いただきましたことを深く感謝申し上げます。細野様のご助言とご尽力がなければ、本書の形を整えることはできなかったと思います。

また、私を日本実業出版社にご紹介いただきました株式会社ワオ・コーポレーションの松本正行様には、貴重なご縁をつないでいただきましたことを深くお礼申し上げます。松本様のご尽力があったからこそ、本書の出版という新たな一歩を踏み出す機会を得ることができました。

イラストの作成や必要な情報収集のお手伝いをしてくださった東京外国語大学卒業生の里井佑帆さんには、いつも温かいサポートをいただきました。お忙しい中、貴重なお時間を割いてくださったことに感謝の念が尽きません。

本書に彩りを添えるために異文化体験の貴重なエピソードを提供してくれた東京外国語大学の日本人学生と留学生の皆さんには、心からお礼を申し上げます。皆さんの経験と思いを共有していただけたことで、本書がさらに豊かな内容となりました。

そして最後に、出版に向けた道のりを温かく励まし続けてくれた家族には、特別な感謝を捧げます。家族の支えがなければ、執筆を続けることも難しかったと思います。

本書を締めくくるにあたり、私の異文化理解の極意をお伝えしたいと思います。

「絆」という漢字を書いてみてください。「絆」は「糸へん」に「半分」と書きます。もともとは長い紐を半分に分け、一方を人間、もう一方を動物（例えば馬車を引く馬）に結びつけた状況を表していました。

ここで考えてみてください。動物は自由に好きな方向へ進むことができるでしょうか？　答えは「できない」です。なぜなら、人間が引く方向に従わなければ、痛い鞭が飛んでくるからです。逆に人間はどうでしょうか？　動物をいつでも思い通りに動かせるわけではありません。休ませたり、食べ物を与えたりする時間が必要です。

この状況は、人間と動物がそれぞれ「半分」自由を失っている状態といえるでしょう。ここに「絆」の本質が隠れています。「絆」とは、お互いが完全に自由ではいられない、ある種の不自由を共有する関係なのです。

この「半分自由をなくす」は、異文化理解にも当てはまります。外国の人々のコミュニケーションの手法が日本人に不自由さを感じさせることもあれば、日本人のやり方が外国の人々にとって不自由に映ることもあります。それでも、お互いに不自由を受け入れる。異文化理解とはその不自由を抱えながら絆を築いていく努力に他なりません。

もし、どちらか一方のやり方が強要される状況になれば、それはもはや「絆」ではなく「支配」になり、真の異文化理解には至りません。異文化理解は、たとえ完全ではなくても、互いに歩み寄り続ける行為の中にあるものです。お互いに少しずつ自由を手放し他者と分かち合うことが、「絆」という言葉が持つ本当の力だと、私は思います。

本書が、読者の皆さんにとって新しい「絆」を結ぶきっかけとなれば幸いです。異文化理解を超えた「共生」の一歩を、ともに歩んでいきましょう。

参考文献

青木保『異文化理解』岩波書店、２００１年
岡田昭人『オックスフォード流 自分の頭で考え、伝える技術』ＰＨＰ研究所、２０１５年
岡田昭人『オックスフォードの学び方』朝日新聞出版、２０１９年
岡田昭人『学びの呼吸 世界のエリートに共通する学習の型』技術評論社、２０２１年
エリン・メイヤー（田岡恵 監訳 他）『異文化理解力』英治出版、２０１５年（原著：The Culture Map, ２０１４年）
齋藤隆次『異文化理解の全テクニック』ＫＡＤＯＫＡＷＡ、２０１９年
鈴木孝夫『日本の感性が世界を変える』新潮社、２０１４年
千葉祐大『異文化理解の問題地図』技術評論社、２０１９年
原沢伊都夫『異文化理解入門』研究社、２０１３年
八代京子（他）『異文化コミュニケーション・ワークブック』三修社、２００１年
石井敏（他）『異文化コミュニケーション・ハンドブック』有斐閣、１９９７年
エドワード・Ｔ・ホール、（岩田慶治・谷泰訳）『文化を超えて』阪急コミュニケーションズ、１９９３年（原著：Beyond Culture, １９７６年）

岡田昭人（おかだ　あきと）
東京外国語大学大学院総合国際学研究院教授。留学生教育学会副会長。Oxford-Cambridge Society会員。ニューヨーク大学大学院で異文化コミュニケーション学の修士号を、オックスフォード大学大学院にて教育学博士号を取得。東京外国語大学で25年にわたり日本人と留学生に教育学や異文化コミュニケーション学を指導。講演会やセミナー、執筆などを通じて異文化理解活動に務めている。著書に『世界を変える思考力を養う オックスフォードの教え方』（朝日新聞出版、『人生100年時代の教養が身に付く オックスフォードの学び方』として文庫化）、『オックスフォード流 自分の頭で考え、伝える技術』（PHP研究所）、『教育学入門 30のテーマで学ぶ』（ミネルヴァ書房）などがある。

教養としての「異文化理解」

2025年5月1日　初版発行

著　者　岡田昭人

発行者　杉本淳一

発行所　株式会社日本実業出版社　東京都新宿区市谷本村町3－29 〒162－0845

編集部　☎03－3268－5651
営業部　☎03－3268－5161　振　替　00170－1－25349
https://www.njg.co.jp/

印刷／壮光舎　製本／共栄社

ISBN 978-4-534-06179-9　Printed in JAPAN